Renate Sültz & Uwe H. Sültz

Krimi

BoD- Books on Demand

Norderstedt 2019

Bibliografische Information durch die Deutsche Nationalbibliothek

Die Deutsche Nationalbibliothek verzeichnet diese Publikation in der Deutschen Nationalbibliografie; detaillierte bibliografische Daten sind im Internet über http://dnb.dnb.de abrufbar.

Herstellung und Verlag:

BoD – Books on Demand, Norderstedt

ISBN 9-78374-9-42983-7

Inhalt:

R B O G W S

7 9 4 2 6 1 9 2 3

Q R P A V L Y Z A Z

1 4 6 8 2 9 5 3

W B K O L D S W A

5 8 4 2 1 0

A H K O P T

Agathes Code

Wer kennt sie nicht, die fantastischen Abenteuer des Monsieur LeGrant oder die Fälle von Kommissar Craik. Agathe X. war eine sehr erfolgreiche Autorin. An ihrer Seite sah man stets ihren Sohn Luis. Ihr erstes Buch wurde bereits zum Bestseller. Luis bewunderte seine Mutter, wollte unbedingt die Geheimnisse des Geschichtenschreibens erlernen.

„Fantasie und viel Ruhe brauchst du, mein Sohn", sagte die erfolgreiche Mutter. Abend für Abend saßen sie bei einem Glas Wein beisammen, plauderten über dies und jenes, diskutierten, machten sich Stichpunkte. Schon war die

Grundlage für eine neue Geschichte geboren. „Es sind die Dinge, die im Alltag passieren", sagte Agathe. Klug, wie die Mutter war, sorgte sie bei Luis für eine gute Ausbildung. Über den Beruf des Buchbinders bis zum Studium arbeitete sich Luis an die Spitze. Sein Bruder hingegen war ein Lebemann. Mutters Unterstützung verprasste er meist im Spielkasino.

Leo war genauso talentiert wie sein Bruder, aber irgendwie verstand er das Leben nicht. Erfolg kam eben nicht von ungefähr. Luis richtete sein Arbeitszimmer neben Agathes Büro ein. Jetzt hatte er alles an Handwerkszeug beisammen, durch Mutters Gespräche am Abend sprudelten die Ideen. Agathe hatte wieder einen Bestseller. Luis schrieb das erste Buch unter Agathes Namen, Agathe war begeistert vom Inhalt und ließ es zu. Es wurde ein ordentlicher Erfolg, beide freuten sich. Natürlich schob

Agathe einen neuen Fall von Kommissar Craik hinterher. Wie es in der Brache so war, zog der Name und so steigerte sich auch das Buch von Luis nochmals. Mit dem von Luis erworbenen Know-how, setzte er nun auch das Internet ein, man sprach über Luis, man kannte ihn jetzt. Dabei setzte er zwei Künstlernamen ein, Cora Brix und Henry Desmond. Erfolg über Erfolg war das Resultat. Schreiben, Weinabende mit Mutter, die beiden wurden ein Erfolgsduo. Und niemand kannte ihre Herkunft. Der erste oder zweite Platz war ihnen in den Bestsellerlisten sicher.

Luis erwarb von seinen Einkünften Grundstücke, Agathe sparte alles und legte das Geld und die Wertpapiere in ihren Tresor. Nun, es war ein Panzerschrank mit modernster Technik, mechanische und elektronische Zahlenkombinationsschlösser kamen zum Einsatz. Millionen lagen darin und warteten. Auf was eigentlich? Agathe war eine glückliche und zufriedene Frau. Luis war versorgt und Leo schlug sich so durchs Leben. Er würde ja sowieso genug erben. Luis dagegen war nicht auf die Erbschaft angewiesen. Die Zeit verging, der Erfolg der Bücher war immer noch grandios. Leo bohrte immer mehr nach Geld. Agathe versuchte ein letztes Mal, ihren Sohn auf die richtigen Schienen zu setzten. Aber es war zu spät, Leo ließ sich hochverschuldet mit der Mafia ein. Leo versprach dem Geldeintreiber, dass er aus dem Geldschrank seiner Mutter bezahlen würde, nur seine Mutter müsste kurz zum Schweigen gebracht werden. Es passierte tatsächlich so, selbst Kommissar Craig könnte diesen Fall nicht lösen. Alles sah nach einem Unfall aus. Das Fahrzeug von Luis, mit Agathe auf dem Beifahrersitz, überschlug sich mehrmals, stürzte dann den Abhang hinunter. Agathe war sofort tot, Luis überlebte schwerverletzt. Das Haus stand nun wochenlang leer. Leo und zwei Panzerschrankknacker machten sich ans Werk. Die schwere Explosion nutzte gar nichts. Herumfliegende Splitter verletzten Leo schwer, die beiden anderen flohen. Als die Polizei eintraf, war Leo schon tot. Nach Luis Genesung richtete er das Büro neu ein. Agathes Erbe sollte zu 60 Prozent gespendet werden. Die 20 Prozent an Leo kamen noch dazu. Luis spendete einer Autoren-Gruppe seinen Anteil, zur Förderung, so wie es seine Mutter mit ihm gemacht hatte. Den Code kannte Luis übrigens auch nicht, Agathe sagte nur immer, denke an die Erfolge unserer Bücher! Luis tippte ein: 1... 2... 1... 3... 1... 2... 1... 4... 2... 1...

Bestseller

Robert ist Sohn des Bestseller-Autor Stan Wenesh. Wer erinnert sich nicht gern an die Kriminalgeschichten mit Inspector Drabens, auch die Romane „Untergang der Westburns" und „Der letzte Held". Robert war immer im Hintertreffen, er verdiente sich sein Geld als Redakteur, schrieb Gedichte, Kurzgeschichten und Liebesgeschichten.

Es hätte aber auch anders kommen können, völlig anders. In jungen Jahren, Robert war 15, schrieb er all die Greul-Taten auf, die sein Vater Stan ihm und seiner Mutter Lydia antat. Robert entwickelte eine gewaltige Fantasie. Jeden Abend überlegte er, wie er den Vater zur Rechenschaft ziehen könnte. In seinen Tagebüchern entstand der Killer Drab. Robert sah sich selbst als den Killer. Unendliche Geschichten und verschiedenste Mordarten entwickelten sich. Tagsüber, aus Angst vor dem Vater, der Musterschüler, abends der Killer. Robert sah die Qualen an seiner Mutter, Schläge, Vergewaltigung, Betrügereien, die ganze Palette übte der so saubere Stan Wenesh aus, zumindest nach außen. Damals war Stan noch ein Nichts, ein kleiner Angestellter der New Day Post.

Irgendwann einmal fand Stan das Tagebuch, raffiniert wie er war, kopierte er diese Seiten, veröffentlichte sie in etwas geänderter Form in der Zeitung. Der Verlag DDST wurde aufmerksam und wollte ein Buch damit drucken, aber nicht aus der Seite des Killers, sondern eines Inspectors. So entstand Inspector Drabens.

Das Buch wurde ein Bestseller. Je mehr Bücher verkauft wurden, umso gemeiner wurde Stan zu seiner Familie. Immer mehr schrieb Robert, immer spannender wurden die Morde, nur Stan hielt ihn und seine Mutter an der ganz kurzen Leine. Er hatte Freundinnen, den teuersten Wagen und die modernste Technik. Heimlich nahm Stan alle Gesprochene auf, in seiner Familie, bei den Treffen der Autoren, er war einfach immer über alles informiert.

1964 kaufte er eines dieser neuen Errungenschaften, den Compact-Cassette-Recorder von PHILIPS/NORELCO. Es war fast wie ein Agentenkrimi, Stan nahm alles auf, wirklich alles. In seinem Aktenkoffer hatte er stets den Cassetten-Recorder zur Aufnahme bereit. Oft ließ er ihn, sozusagen, ausversehen in Büros stehen. Danach hatte er oft Buchtitel und Inhalte spioniert. Daher wurden auch seine anderen Bücher Erfolge, denn das Buch „Der Untergang der Westburns" hieß im Original von Mike Dewenger „Der Untergang einer Dynastie in Dallas". Nur, Stan war schneller auf dem

Markt, mit einer ähnlichen Geschichte eben, aber gestohlen.

Stan wurde geliebt und gehasst, als Genie bezeichnet. 1968 trennte er sich von seiner Familie, auf dem Höhepunkt seiner Karriere verunglückte er mit seinem Sportwagen. Ein Genie war sofort tot, so schrieb man es. Wie viele Konkurrenten und Freunde er aber betrogen hatte, das stand auf einem anderen Blatt Papier.

Auf einem anderen Blatt Papier standen auch Robert und seine Mutter. Sie kämpften zu Stans Lebzeiten nicht um eine große Abfindung, sie waren mit den 1800 Dollar zufrieden, Hauptsache Freiheit und weg von diesem Tyrannen.

Robert löste das Büro seines Vaters auf. Er stieß auf die Cassetten, rechnete mit guter Musik. Als er sie kontrollierte war er wie versteinert. Das Denkmal

Stan Wenesh brach zusammen. Der Skandal war geboren. Fairerweise überlies Robert alle Einnahmen der gestohlenen Werke den eigentlichen Eigentümern. Der Verlag kam auf Robert zu und wollte, dass Robert alle Bücher neu verfasst, nun aber aus Sicht des Killers.

Die Bücher wurden Robert aus der Hand gerissen, aber auch seine Gedichte, das wahre Genie war geboren... Robert S. Wenesh.

Das Drama um Maria Gortales

Jack, ein Seemann, nein, so kann ich es nicht stehen lassen, es wäre eine maßlose Untertreibung, er ist Kapitän des Kreuzers FLIGH AWAY, hat sich mit seiner Frau ein wunderbares Anwesen in Ensenada gekauft. Beide stammen aus Dallas, es zog sie aber nun zum Pacific, nahe ans Wasser eben. Ihr Anwesen strahlt in herrlichem Weiß, die Mauern um das Anwesen herum sind in hellblauer Farbe gehalten. Constanze Miller, Jacks Ehefrau, besitzt das Computer-Unternehmen COMICOM. Gerade zu Zeiten des Internetbooms ist sie mit ihrem Team unwahrscheinlich erfolgreich gewesen. Heute hat sie einen festen Kundenstamm, Ferrari, Porsche, Rolex, für die Millers ein ganz gewöhnlicher Lebensstiel.

Vor zwei Monaten hat sich die neue Hausangestellte Maria Gortales vorgestellt, eine junge Frau mit gutem Ordnungssinn. Lediglich, dass sie Mr. Miller versucht schöne Augen zu machen, stört Mrs. Miller, aber, ach nein, daran ist gar nicht zu denken.

Eines Tages bemerkte Stan Colbey, dass eine negative Front gegen COMICOM aufgebaut wurde.

Gab es unzufriedene Kunden oder handelte es sich um Konkurrenz? Der Leiter der Computerfirma übergab das Problem der Hausnahen Detektei. Für die Millers noch kein Grund der Besorgnis. „Konkurrenz eben", sagte Constanze in einem ärgerlichen Ton. Diverse Drohbriefe gab es ja auch schon einmal, erstaunlicher Weise auch in der heutigen Post. Mrs. Miller verabschiedete sich von ihrem Ehemann und fuhr in Richtung Dallas um Hauptsitz der Firma. In einer Konferenz wollte sie mit den Führungsspitzen, der Detektei und der Polizei den Fall erörtern.

Jack nahm sich eine etwas längere Auszeit, nun, er kann sich so etwas erlauben, ein Teil der Reederei ist im Familienbesitz. Er freute sich immer über Maria, sie war fröhlich, erzählte jeden Tag was so in der Stadt los war, mit ihrem niedlichen Sprachfehler klang sie sehr sexy. Aber Jack kannte natürlich die Grenzen, dafür liebte er seine Frau zu sehr, man kann sagen, abgöttisch. Heute Morgen erschien Maria Gortales in einem recht kurzen Röckchen, der Ausschnitt ließ auch tief blicken. Mr. Jack Miller korrigierte die junge Frau und verlangte einen anderen Kleidungsstiel. Er ging in der Zwischenzeit unter die Dusche. Maria aber änderte nicht ihren Kleidungsstiel, sie kam völlig ohne Kleidung in Jacks Bad. Jack blieb in seiner überlegenen Art völlig ruhig, viele Situationen musste der gutaussehende Seemann, Entschuldigung, Kapitän und Eigner, schon bewältigen.

Er zog seinen Morgenmantel an, legte den seiner Ehefrau Maria Gortales um und ging mit ihr aus dem Bad. „Maria", sagte Jack Miller, „sie haben bei uns eine sehr gute Stellung, Sie sind fleißig, sie sind ehrlich, wir geben ihnen einen hohen Monatslohn, ihre gesamte Familie ist dadurch versorgt, ich bitte sie, machen sie keinen Fehler!" „Aber ich liebe dich.", flehte Maria Gortales. „Maria", so sagte Jack weiter, „es wird eine Verliebtheit, vielleicht eine Art der Bewunderung sein, aber die Liebe zu meiner Frau Constanze ist über viele, viele Jahre gewachsen. Am Anfang sagt man schnell "ich liebe dich", und dann wächst die Liebe täglich, sie nimmt immer mehr zu, immer mehr erkennt man immer mehr gleiche Interessen, Vorlieben, immer mehr Vertrauen wird aufgebaut, und dann, ja dann kommt der Tag an dem man die Liebe an einem einsamen Ort erleben will, alles andere ist völlig egal. So war es und ist es bei meiner Constanze und mir. Ich drücke Ihnen ganz fest die Daumen, dass auch Sie das erleben dürfen. Sie sind gerade 19 Jahre, alles kann passieren!"

„Aber ich muss dich lieben.", sagte Maria Gortales mit leiser Stimme.

Tage später kam Mrs. Miller zurück. Aufgeregt sagte sie zu ihrem Ehemann: „Was ist mit dem Ferrari passiert?"... „Ich habe nichts bemerkt", wunderte sich Jack, „Maria ist auch schon zwei Tage nicht erschienen, seltsame Anrufe habe ich erhalten!"

„Jack, mein Darling", sagte Constanze leise, „wir werden erpresst, die Polizei kommt gleich, die Experten verfolgten die Internetangreifer, es ist das Haus in dem Maria Gortales wohnt, es werden wohl ihre Brüder sein, was sie wollen hat die Detektei noch nicht herausgefunden!"

Die Polizei erschien ebenfalls. Der Ferrari war mit Benzin übergossen. Der Zünder funktionierte aber nicht. Im Haus fanden die Beamten versteckte Kameras. Maria Gortales wurde zum Mitmachen gezwungen. Jetzt erst verstand Jack Miller den Satz „Aber ich MUSS dich lieben".

Die Bande wurde verhaftet. Maria aber kam damit nicht zurecht, in ihrem Abschiedsbrief, den der Staatsanwalt neben ihrem Leichnam fand, stand:

Liebes Ehepaar Miller,

ich wollte das nicht, ich liebe Sie beide wie meine Eltern. Sie sind wunderbar. Sie sind ein Traumpaar. Ich hätte Ihnen nie wehtun können. Ich wurde von meinen Brüdern gezwungen dazu. Ich bitte um Verzeihung.

Maria Gortales

Denn sie wussten nicht, was sie taten

Es war in den fünfziger Jahren. Es ist die Zeit des
Wirtschaftswunders. Aber auch eine Zeit, in der viele das
haben wollten, was in den Schaufenstern angeboten
wurde. Auch wurden wieder Autos gebaut. Viele liefen
noch nicht auf den Straßen, aber sie waren für die meisten
Arbeiterfamilien unerschwinglich. Es war ein großes
Angebot an Gütern vorhanden. In dieser Zeit aber nicht für
jedermann erschwinglich. Holger Biermann, Freddy
Lindenwald, Günther Faber und Roland Esser, saßen an
einem Samstagabend fast resigniert am Stammtisch, an
dem sie sich jedes Wochenende trafen. Die jungen Männer
arbeiteten unter Tage. Jeden Tag der Dreck und die stickige
Luft im Stollen zermürbte sie. Sie wollten reich sein.
Träumten davon irgendwo am Strand zu liegen und das
Leben zu genießen. Sie diskutierten den ganzen Abend
immer über das gleiche Thema. Außerdem sagte Holger:
„Was ist denn schon los hier in Herne?"... „Schaut euch
doch mal um hier, ihr werdet nichts finden was euer Herz
erfreut. Weit und breit nur Baustellen."... „Ja, du hast
Recht, Holger.", sagte Freddy Lindenwald. „Nur, leider sind
wir an diese Stadt gebunden." Der älteste in der Runde
war Günther Faber. Faber meinte: ,,Hört auf zu nörgeln,

Jungs. Entweder wir unternehmen jetzt etwas oder wir finden uns damit ab unter Tage zu arbeiten und in dieser Stadt zu versauern." „Hast du einen Vorschlag, was wir tun könnten?" Roland Esser meldete sich nun auch zu Wort: „Ihr habt ja Recht. Auf der einen Seite ist hier nichts los und im Stollen hab' ich auch keine Lust zu versauern. Aber nicht nur hier in Herne wird es so aussehen. Und auch ich hätte große Lust mehr Geld zu haben und hier abzuhauen."

Die vier Männer kamen auf eine dumme Idee. Holger machte den Vorschlag einen Güterzug in der Nähe von Esslingen zu überfallen. „Holger, du hast doch wohl den Realitätssinn völlig verloren.", meinte Freddy Lindenwald. „Aber warum denn, wenn wir genau überlegen was zu tun ist, kann doch nichts schief gehen.", sagte Günther.

Alle Männer kamen zu der Übereinkunft, genau heraus zu bekommen, wann der Zug in den Bahnhof einfährt, rangiert und abgekoppelt wird. Und wann die Ware entladen wird. Außerdem ist in diesem Zug, so hatte sich Holger schon schlau gemacht, eine größere Menge Bargeld zu finden. Der Zug beinhaltet teure Seidenstoffe, die aus der Türkei kommen, außerdem mindestens 250.000 DM an Bargeld. Der Güterzug wird akribisch genau überwacht. „Es wird nicht einfach sein, das Ding durchzuziehen, aber es wird sich für uns alle lohnen, wenn wir zusammenhalten und uns genau an den Plan halten.", sagte Holger Biermann. Am nächsten Morgen waren die Männer wieder mit ihrer Arbeit im Stollen beschäftigt und die Gedanken an einen Überfall waren erst einmal zurückgestellt. Abends am Stammtisch wurde dann wieder diskutiert und beratschlagt über den Überfall. Alle wollten diese Aufgabe erledigen, denn der Traum vom Reichtum sollte Wirklichkeit werden. Freddy, Holger und Günther kundschafteten am anderen Tag alles aus. Sie wussten nun genau, wann der Zug einfährt. Wann er abgekoppelt und entladen wird. Auch bekamen sie heraus, wo sich der Tresor mit dem Geld im Zug befand. Wie viele Wachposten im Zug und sich draußen aufhielten, während der Wagon entladen wird. Sie tranken einige Biere und besiegelten damit ihren Plan. Für den Überfall, planten sie den Freitagnachmittag. Alles musste sehr schnell gehen, sie durften keine Zeit verlieren.

17 Uhr, Freitag der 11, März 1950 in Esslingen. Alle Männer waren auf ihren Posten. Als Zugführer war Harry verkleidet. Günther als Gleisbauer und die anderen beiden lungerten als Fahrgäste auf dem Bahnhof herum. Der besagte Zug fuhr langsam ein. Die Spannung stieg bei den Männern. Aufregung pur. Der Adrenalinspiegel stieg gewaltig. Jetzt ging alles rasend schnell. Die Wachtposten wurden außer Gefecht gesetzt. Im Wagon handelten die Männer sehr schnell. Alles war gut durchdacht. Sie fanden relativ schnell den Tresor und überwältigten den Zugführer. Alles klappte ausgesprochen gut. Der Tresor war tragbar, sodass sie schnell weg konnten.

Schnell sprangen sie in den dafür vorgesehenen Kombi und fuhren sofort Richtung Süden. Niemand erkannte sie, keiner hielt sie auf. Sie fuhren ihrem Traum vom Reichtum entgegen ohne ein schlechtes Gewissen zu haben. Man sah sie nie mehr in Herne.

Die Mausefalle

Familie Kardau war eine reiche Familie. Niemand konnte ahnen, womit sie ihren Reichtum zusammentrugen. Die männlichen Familienmitglieder waren nicht gut in der Stadt angesehen. Sie waren stets unfreundlich und wollten immer Recht behalten. Frau Kardau und ihre Tochter waren wiederum beliebt. Sie versuchten die Boshaftigkeit der anderen Familienmitglieder zu überdecken. Irgendwann dachte Robert Kardau, Sohn von Paul, dass er nun an der Reihe wäre, das Geld und das Vermögen an sich zu bringen. Die Stimmung innerhalb der Familie war sehr gereizt.

Das viele Geld brachte zwar Reichtümer, Sportwagen, eine Segeljacht und was es sonst noch so gibt. Alles hätten sie genießen können, jedoch Vater und Sohn wurden immer egoistischer. Frau Kardau und ihre Tochter hatten sowieso nichts zu melden. Den Patriarchen des Hauses zu bedienen, war ein ungeschriebenes Gesetz. Jeden Abend träumte Robert von diesem Reichtum. Er war ein geborener Angeber. Doch seine Intelligenz war unübertroffen. Er wusste, dass sein Vater bei schlechter Gesundheit war.

Also plante er Paul umzubringen, damit er schneller an das Erbe kommen konnte. Da Robert auf Nummer sicher gehen wollte, entwickelte er einen ausgeklügelten Plan. Ein schnell wirkendes Gift musste her, das er sich über einen Hehler besorgen wollte. Robert präparierte zunächst die Schwimmflossen des Vaters. Mit seiner Fantasie malte sich Robert genau aus, was passieren würde. Sein Vater fuhr mit dem Motorboot oft zum naheliegenden See und setzte sich immer zuerst auf den Bootsrand, um die Schwimmflossen und die Taucherbrille anzulegen. Dann ließ er sich rückwärts ins Wasser fallen. Alles passierte vor den Augen seiner Geliebten Gabi. Nur diesmal stieß die Nadel mit dem flüssigen Gift zu. Paul würde nicht mehr auftauchen. Man würde Gabi als Mörderin verdächtigen. Seine Fantasien gingen weiter. Einmal im Monat, traf sich Paul mit seinen Freunden beim Skat. Drei davon waren Zigarrenraucher. So freigiebig wie Paul war, hat er sich immer mit teuren Zigarren die Freundschaft der anderen erkaufen wollen. Robert präparierte die vierte Zigarre. Das Gift wirkt auf die Lunge und löst einen Hustenanfall aus. Er wusste auch, dass sein Vater gern den Sportwagen fährt. Etwa 500 Meter nach der Hofausfahrt telefonierte er immer mit Gabi. Robert manipulierte auch das Handschuhfach. Alles präparierte er mit einer Giftspritze. Es kam der Tag, an dem es einen kompletten Telefonzusammenbruch gab. Robert befand sich in seiner Lieblingsbar. Seine Schwester traf sich heimlich mit Johann.

Johann war der Sohn eines angesehenen Industriellen aus Österreich. Auch der Vater von Johann fiel auf die kriminellen Machenschaften von Paul Kardau herein.

Er verlor Millionen. Johann und seine Angebetete schmiedeten Zukunftspläne. Er wollte sie aus dieser Familie herausholen. Nur Frau Kardau war mit ihrem Mann allein im Haus. Das Telefon funktionierte nicht. Paul befahl seiner Frau das Handy aus dem Wagen zu holen. Nach einer Stunde fand er sie leblos neben dem Wagen liegen. Durch die Beerdigung wurde das Skatspiel abgesagt. Natürlich auch das Tauchen.

Die Tochter suchte Trost bei Johann. Nutzte aber auch die Gelegenheit zu fliehen. Diese Zeit nutzte Roberts Hehler aus, um in das Anwesen einzubrechen. Er war nicht nur Hehler, sondern auch Dieb. Wie üblich, zu den normalen Einbrecherutensilien, trug er eine Waffe bei sich. Es ist kein Geheimnis, aber die Verandatür ist nicht gut gesichert. Das Wohnhaus wurde nach einem Tresor durchsucht. Paul Kardau, hörte die Geräusche, ebenfalls der Sohn. Paul wollte den Einbrecher stellen und holte seine Waffe aus dem Schlafzimmer und wollte den Einbrecher stellen.

Beide schießen und Paul wurde tödlich getroffen. Der Einbrecher wurde am Bein verletzt. Er lag am Boden. Nun kam Robert ins Spiel und sah die Tragödie. Der Einbrecher, der ja auch Roberts Hehler war, sagte: „Na, da habe ich dir wohl einen Bärendienst erwiesen." „Hilf mir auf, gib mir 100.000 und die Sache bleibt unter uns." Robert ging zum Tresor, öffnete ihn, ergriff das Geld und fiel kurz danach leblos zu Boden. An seinen Fingern verklemmte sich eine Mausefalle mit einer Giftinjektion, die Paul Kordau aufgestellt hatte. Roberts Schwester übrigens, machte Johann sehr glücklich. Das Vermögen der Kordaus wurde für wohltätige Zwecke gestiftet.

Geräusche, Achtung Aufnahme!

Cliff Tendays ist erfolgreicher Musikproduzent. Eigentlich war sein Name Piotr Berdenga, aber wer sollte sich diesen Namen in Chicago einprägen. Auch heute ist sein Musikstudio wieder ausgebucht. Hank übernimmt das Mischpult. Aus den Anfangszeiten ist nur noch das rote Hinweisschild mit der Aufschrift: ACHTUNG AUFNAHME übriggeblieben, sowie der dazugehörige Schalter, damit es hell aufleuchtete.

Cliff sitzt im Büro... im Nebenraum, wird geprobt. Hören kann man nichts, alles ist gut isoliert. Die Eierkartons, die Cliff in den Anfängen einer Schallisolierung an die Wände klebte, sind längst ausgetauscht. In der Zeitung liest Cliff das Dan Briks aus der Haft entlassen wird. Ein Schauer fegt den Musik-Produzenten über dem Rücken. Er erinnert sich, es war dieses heruntergekommene Haus. Nun ist es ja renoviert. Aber Erinnerungen bleiben eben. Cliff war damals auf Namensuche und nach einem Musikstil, der zu ihm passte. Viele Aufnahmen stellte er her. Cliff spielte alle Instrumente selbst. Mischte sie auf dem damals neuen Mischpult ab. Es war sein ganzer Stolz. Er brachte es aus Paris mit. Die dritte Etage mietete Cliff. Die zweite ein älteres gehörloses Ehepaar. In der ersten Etage wohnte der Vermieter. In der Etage über Cliff hatte er nie jemanden gesehen.

„Dance with Dean" sollte sein großer Hit werden. Viele Probeaufnahmen waren schon auf Band. Für das Plattencover engagierte Cliff einen jungen Studenten mit einem Traumbody. Das sollte anlocken. Heute endlich... die finale Aufnahme. Alles klappte perfekt. Aufnahme, Abwicklung, Kontrolle. Aber was war da für ein Geräusch? Cliff ärgerte sich. Alles schien perfekt. Aufnahme, Abmischung, Kontrolle. Was war da für ein Geräusch?

Nun gut, also noch einmal und wieder diese Geräusche. Als gelernter Tonmischer kontrollierte er jede einzelne Tonspur. Da war es. Leise, aber eben als Störgeräusch zu hören. Er verstärkte das Signal mehr und mehr. Jetzt war ein klägliches Jammern zu hören. „Helft mir, bitte!" Wie sollte dieses Geräusch durch die schallisolierten Wände dringen? Technisch unmöglich, so meint es Cliff. An Mystik oder andere Phänomene glaubt der Tontechniker nicht. Er blieb logisch denkend. Das Geräusch war sauber analysiert. Nun stellte Cliff seine Mikrophone im ganzen Raum auf. Er richtete sie auf alle Wände, den Boden und die Decke. Treffer. Von oben kamen die Hilferufe. Er rief die Polizei. Sie brachen die Tür der oberen Etage auf und fanden eine junge Frau. Sie wurde gefangen gehalten und misshandelt. Mit einer Gabel kratzte sie den Fußboden auf, legte den Teppich drüber, wenn ihr Peiniger zu ihr kam. Sie war am Fuß angekettet kam nicht bis zur Tür und nicht zum Fenster. Mit einem Stahldraht am Hals bekam sie zwar Luft, aber konnte nicht um Hilfe rufen. Heute war endlich der Tag, an dem sie den Holzfußboden durch hatte. Es war ein kleines Loch. Man hätte sie viel eher hören können, aber die Schalldämmung verhinderte es. Dan Bricks, wurde verhaftet. Cliff hatte mit dem Musikstück Erfolg. Zehn Tage war es in Amerika auf Platz 1. Die junge Frau, die wir hier nicht nennen wollen, besucht Cliff einmal im Jahr.

Mord in London

Einsam lief sie durch die Straßen von London. Jane war eine aufgeschlossene, junge Frau, die für ihr Alter von 25 Jahren schon einiges hinter sich gebracht hatte. Sie studierte Physik und war auf dem Weg zu ihrer kleinen Kellerwohnung im Herzen der Londoner East-Ends. Einst wurde diese Straße gebaut, um die große Anzahl von Seidenwebern unterbringen zu können. Heute ist diese Straße das

Zentrum der wachsenden Industrie. Jane McNeal lief langsam. Die Straße zu ihrer Wohnung war schlecht beleuchtet und das alte Pflaster lud zum Stolpern ein. Plötzlich hörte sie hinter sich Schritte. Erst gemächlich, dann immer kraftvoller und schneller. Jane bekam Angst. Sie drehte sich um, aber nichts war zu sehen. Sie ging weiter, aber die Angst saß ihr im Nacken. Plötzlich ein dumpfer Schlag, ein leises Aufstöhnen und Jane lag in ihrer Blutlache. Durch diesen Schlag auf den Schädel war sie sofort tot. Die Schritte des Täters verhallten in der Dunkelheit und er verschwand ungesehen.

Inspektor Dennis Hopkins war gerade dabei seinen morgendlichen, starken Kaffee in seinem Büro zu trinken, als ihm die Meldung vom Mord des jungen Mädchens auf den Schreibtisch flatterte. Sein Assistent Jim Laurel und er machten sich auf den Weg zum Tatort. Hopkins hatte kaum geschlafen. Probleme mit seiner Frau raubten ihm den letzten Nerv. Nach so vielen Jahren Ehe nicht verwunderlich, denn seine Frau ist älter als er und hat kein Verständnis, wenn er ständig nur im Büro sitzt und irgendwelche Fälle durchkaut, die nicht gelöst wurden. Jane McNeal lag in ihrem Blut, eine junge Frau, die voller Tatendrang und Lebensmut war. Heimtückisch von hinten erschlagen. Hopkins war entsetzt, er hatte schon viel im Laufe seiner Zeit als Inspektor gesehen, aber da blieb ihm die Luft weg. Er musste wegschauen, denn es war mehr als grausam. Der Schädel des Mädchens war total zertrümmert, sodass die Gehirnmasse austrat. „Bitte sichern sie den Tatort und suchen sie nach Hinweisen, die eventuell auf den Täter schließen könnten.", sagte Dennis Hopkins. Der Inspektor war schneeweiß im Gesicht als er in seinen fünfzehn Jahre alten Mini Cooper einstieg. Er hing an dem Auto und wollte ihn solange fahren, bis er letztlich komplett auseinander fallen würde. Er konnte einfach nicht glauben, was er gerade gesehen hatte. Ausgerechnet Hopkins lebte mit seiner Frau in der Fournier Street in London, wo Jack the Ripper im 19. Jahrhundert sein Unwesen getrieben haben soll. Eigenartig war es schon. Die ganze Nacht hindurch grübelte er über diesen Fall nach. Am folgenden Morgen im Büro beauftragte er Jim Laurel herauszubekommen, wo das Mädchen wohnte, was es machte und wer mit ihr Kontakt hatte. Die Obduktion der Leiche ergab, dass der Täter brutal vorgegangen war. Hinterrücks erschlug er sie mit einer Eisenstange. Demnach zu urteilen, wie der Schädel aufgeplatzt war, muss es ein Gegenstand aus Eisen gewesen sein. Hopkins war fassungslos. So ein brutales Vorgehen ist ihm in seiner ganzen Laufbahn als Kriminaloberinspektor noch nicht untergekommen. Wer war der Täter? Wie sah er aus? Wo war er zu finden? So schnell wie möglich musste dieses Monster gefasst werden.

Vorsichtig klopfte Jim Laurel um die Mittagszeit an die Bürotür seines Chefs, denn dieser hatte die Angewohnheit, um diese Zeit in seinem Sessel ein

Nickerchen zu machen. Hopkins rief: „Herein! Kommen sie endlich rein Jim." Laurel trat ein und platze auch direkt heraus mit den Informationen. Jane McNeal war Studentin, ledig, wohnte ganz allein, hatte aber einige Studienbekanntschaften und ging regelmäßig in die Kirche. Pater Tom Watson nahm ihr regelmäßig die Beichte ab. Sie war in einem sehr konservativen Elternhaus aufgewachsen. Alle gingen dort in die Kirche. Das Beichten gehörte dazu. Dennis Hopkins wurde ungehalten und ranzte Laurel an: „Schön und gut, mehr haben sie nicht herausbekommen?" Jim antwortete: „Nein, fürs Erste ist es das. Aber ich bleibe dran und werde sie informieren, sobald ich mehr in Erfahrung gebracht habe." Hopkins entschuldigte sich für seinen schroffen Tonfall und sagte: „Dieser Mord geht an die Grenze meines klaren Verstandes. Da ich sowieso in ein paar Wochen in Rente gehe, werde ich mich sofort nach Aufklärung des Falles zur Ruhe setzen." Laurel konnte Hopkins in dieser Hinsicht verstehen. „Wissen Sie eigentlich Jim, dass sie mein Nachfolger werden?", sprach Dennis Hopkins. Ungläubig schüttelte Laurel den Kopf und stotterte: „Neeein? Ich dachte es..." Mit einem Grinsen im Gesicht sagte Hopkins darauf: „Ach Mensch, wenn sie schon anfangen zu denken."

Das Telefon klingelte. Die Pathologie meldete sich mit einer interessanten Neuigkeit. Der Gegenstand mit dem Jane erschlagen wurde, muss eine spitze, lange Unterkante gehabt haben. Nicht, wie man erst vermutete eine Eisenstange, sondern eher eine Tatwaffe aus Holz. Das hilft wohl auch nicht direkt weiter,

aber immerhin besser als nichts, meinte
Hopkins. Laurel fand noch ein paar Tage
später heraus, dass Jane kaum Freunde hatte,
da sie sich total in ihrer Wohnung nach den
Vorlesungen einigelte. Was wohl auffällig war,
dass sie einmal in der Woche zum Beichten
ging. Einer Nachbarin fiel auf, dass das
Mädchen sehr blass war und ständig mit dem
Blick nach unten einherging. Dennis Hopkins
hörte sich an, was Jim zu sagen hatte und
legte den Hörer auf. Der Inspektor und sein
Assistent besprachen Pater Tom Watson mal
einen Besuch abzustatten. Watson lebte sehr
zurückgezogen auf einem alten Landsitz. Er
hatte niemanden. Inspektor Hopkins und sein
Assistent Jim Laurel bekamen die
Informationen vom örtlichen Pfarramt. „Aber
was soll Watson schon für Informationen

haben? Was weiß er schon?", spekulierte der Inspektor.

Am Tag darauf fuhren Beide zum Landsitz des Paters. Watson war ein untersetzter, kleiner Mann. Lief ständig mit gefalteten Händen herum. Eigentlich eine nichtssagende Gestalt. Das alte Haus indem Watson lebte, war alt und hatte schon fast etwas Unheimliches. Die Beamten klopften an und baten mit dem Pater sprechen zu können. Tom Watson bat sie herein und fragte: „Was kann ich für sie tun?" Er war offensichtlich sehr nervös, was den Kriminalbeamten sofort auffiel. „Nun mal ganz sachte. Wir haben ein paar Fragen. Wissen sie eigentlich, dass Jane McNeal, eine Studentin, die regelmäßig von ihnen die Beichte abgenommen bekam, ermordet wurde?", sagte Laurel. Watson stotterte: „Nein..." Kaum unauffällig benahm sich der Pater. Hopkins und Laurel hatten vorläufig keine Fragen mehr und verabschiedeten sich erst mal höflich. Im Auto sagte Dennis Hopkins: „Ich kann mir nicht helfen Jim, aber irgendwie kommt mit der Pater verdächtig vor.", Jim antwortete: „Den Eindruck hatte ich auch. Aber was können wir ihm vorhalten? Angeblich war er immer hier in seinem Haus." Beide waren sich sicher, hier würde etwas nicht stimmen. Laurel und Hopkins machten Feierabend, denn das was beide dachten, wollten sie vorläufig für sich behalten. Es konnte einfach nicht sein.

Am nächsten Tag flatterten neue Untersuchungsergebnisse dem Inspektor auf dem Schreibtisch. Seine Laune war genau so mies wie das Wetter in London. McNeal wurde nicht brutal erschlagen, sondern auch noch vergewaltigt. Warum musste ein junger Mensch sterben, damit ein Perverser sein Vergnügen hatte? Jim Laurel hatte keine neuen Erkenntnisse. Dennis Hopkins grübelte über seine Pension nach. Sollte wieder ein Fall als ungelöst auf seinem Schreibtisch landen? Nein, das durfte nicht sein, nicht dieser grausame Mord. Er musste noch, bevor er ging, den Mörder finden. Laurel und Hopkins besprachen das weitere Vorgehen. Keine Zeugen, keine Freunde des Mädchens. Was blieb da noch? Pater Watson? „Um Gottes Willen, das kann nicht sein...", dachte Jim. Am anderen Tag besuchten die beiden Beamten noch einmal Pater Watson, aber sie kamen nicht weiter. Wieder im Büro angekommen lag eine Nachricht für Hopkins auf dem Schreibtisch. Die Pathologie hatte sich noch einmal gemeldet. In den Resten des Schädels von Jane McNeal befand sich ein etwas dickerer Holzsplitter älteren Datums. Das heißt, die Tatwaffe muss aus Holz gewesen sein. Das Holz selbst ist, so unglaublich es klingen mag, auf das 16. Jahrhundert datiert worden. Hopkins schoss etwas durch den Kopf, was er aber sofort wieder verwarf. „Nein, das geht nicht.", dachte er. Tom Watson hielt gerade eine Messe als Hopkins und Laurel in die Kirche traten und sich hinten auf die Kirchbank setzten. Alles wurde still. Aber die Beamten blieben sitzen und sagten kein Ton. Pater Watson wurde sichtlich nervös als er beide sah. Unauffällig leierte er seine Predigt herunter und setzte sich dann auf die hintere Bank zu den Polizisten.

Wiedermal verlief das Gespräch ergebnislos und die beiden Beamten wussten wirklich keinen Rat mehr.

Im Büro angekommen analysierten beide noch einmal den Fall. Hopkins sprach: „Jim, lass uns mal ganz logisch und cool an die Sache herangehen." Jim antwortete verwirrt: „Wie meinst du das?" Hopkins erklärt: „Hast du in der Kirche das Kreuz gesehen, was über dem Altar hing? Ist dir denn nichts aufgefallen? Das Kreuz sah ganz schön ramponiert aus. Da fehlte ein gehöriges Stück." Hopkins rief in der Pathologie an und forderte schnellstmöglich die Lieferung des Holzstückes zu seinem Büro an. Seine Frau rief ausgerechnet jetzt an und machte ihm eine Szene am Telefon, dass er schon wieder so lange im Büro bleibe. Dennis wurde sauer. „Was denkst du denn, was ich hier mache verdammt nochmal? Ein junges Mädchen ist auf brutalste Weise ermordet worden und du keifst mich an! Nein, ich bleibe hier im Büro bis ich Klarheit habe. Wenigstens diesen Fall muss ich noch zu Ende bringen, bevor ich in Pension gehe.", sprach Watson zu seiner Frau. Damit war für ihn das Gespräch beendet. Inspektor Hopkins schlief vor Übermüdung an seinem Schreibtisch ein. „Hallo Dennis, guten Morgen.", rief Laurel. Hopkins schreckte hoch. „Jim, du glaubst nicht, welche Entdeckung ich heute Nacht gemacht habe.", sagte Hopkins. Dennis fuhr fort: „Du erinnerst dich an das Kreuz aus der Kirche? Das Stück Holz was dort fehlt, könnte das Teil aus der Pathologie sein. Wir nehmen das Holzstück jetzt mit zu Watson." Sie fuhren los. Bis zum Wohnhaus des Paters waren es wenige Kilometer. Watson war zu Hause. Er sah die beiden Polizisten und machte bereitwillig die Tür seines Landhauses auf. Der Pater glaubte immer noch mit einem blauen Auge davon zu kommen. Er war sich seiner Sache sicher. „Der Tod des Mädchens trat zwischen 14 und 16 Uhr am Nachmittag ein. Um diese Zeit sind sie nicht in der Kirche oder ihrem Haus gewesen. Das ergaben unsere Nachforschungen.", erklärte Hopkins. „Schön und gut, aber was wollen sie damit sagen?", fragte Watson. „Wir brauchen ein Alibi, lieber Pater. Wo waren sie? Außerdem ergab die Untersuchung der Leiche, dass Jane McNeal vergewaltigt wurde. Das Holzkreuz in der Kirche ist an der Unterseite zersplittert. Genau dieses Stück was dort fehlt, steckte im Kopf des Mädchens. Was sagen sie dazu, Watson? Jetzt bringt leugnen nichts mehr.", sprach Hopkins. Erschrocken antwortete der Pater: „Ich.., ich... habe mit dem Mord nichts zu tun!" Er zögerte, aber fing schließlich an und erklärte, dass er Jane einmal in der Woche die Beichte abnahm. „Sie war attraktiv, auch für mich. Dann musste ich ihr einfach nachgehen, erschlug sie von hinten und vergewaltigte sie danach. Bitte nehmen sich mich fest, was ich tat war des Teufels. Ich will nicht mehr leben.", gestand. Jim Laurel rannte aus dem Haus, er musste sich übergeben. Das war zu viel für ihn.

Pater Tom Watson wurde lebenslänglich eingesperrt und starb im Alter von 80 Jahren.

Der gestohlene Mord

Auch an diesem Morgen begann Ella Smith wie üblich mit einer neuen Geschichte für ihr zweites Buch. Bislang schrieb sie Liebesromane unter ihrem eigenen Namen. Aber sie wollte einmal eine andere Richtung einschlagen. Ellas Schreibtisch steht in einem völlig zugestopften Raum. Sämtliche Mitbringsel der letzten Jahre hob sie immer auf. Von den vielen Lesungen, rund um die Welt, brachte sie Erinnerungsstücke mit. Jedes erinnert an einen

Liebesroman. Sie schaute sich die lieben Dinge an, und denkt darüber nach, wie viele Paare sich in ihren Romanen schon kennengelernt haben. Die Geschichten hatten immer ein gutes Ende. Sie bekam ihn und umgekehrt. Auf der ganzen Welt spielen sich diese Liebeleien ab. Ob die neue Reihe auch so erfolgreich wird? Gedanken machte sich Ella Smith schon darüber, welche Erinnerungen später bleiben würden. Sie lachte über sich selbst und dachte: „Mord, bleibt Mord und Hauptsache der Täter wird dingfest gemacht." Vom Schreibtisch aus, sieht sie auf den herrlichen See. Die Sonne blinzelt durch die Tanne. Von weitem sieht sie den roten Sportwagen ihres Neffen Stan heranfahren. Wie immer viel zu schnell. Der Junge bringt sich noch um, dachte Berta.

Berta hatte lange nichts von seiner Frau gehört. Etwas kriselte es ja immer in der Ehe. Ella legte das angefangene Manuskript zu den anderen Manuskripten in den Tresor. Wo bleibt er nur, fragte sich Berta. Sie warf einen Blick durch das Küchenfenster. Stans Sportwagen stand in der Einfahrt. Sie machte sich einen Kaffee und ging wieder in ihr Büro. Der Neffe kam und begrüßte sie mit einem großen Blumenstrauß. Ella sagte: „Gibt es etwas zu feiern?" „Ja, Tantchen, das kann man so sagen. Ich werde mit meiner Frau eine längere Reise antreten." Ella stellte die Frage: „Ist denn wieder alles in Ordnung zwischen euch?" „Ja, bestens", antwortete Stan.

Nach etwa einer Stunde verabschiedete sich Stan wieder. Beide waren guter Dinge für die Zukunft. Ella holte ihr Manuskript wieder aus dem Tresor und schrieb an ihrer Geschichte weiter.

Die Tage vergingen und Ella erhielt eine Urlaubskarte. Sie war froh, denn schließlich, ist Stan ihr einziger noch lebender Neffe. Irgendwann, wird er sie beerben. Die nächste Geschichte stand an. Ein Mord mit einem manipulierten Gasofen. Ähnliche Geschichten gibt es wohl schon, aber Ella konnte so lebendig schreiben, dass es Spaß machte ihre Bücher zu lesen.

Es schellte an der Haustür und sie machte auf.

Die Kriminalpolizei wollte sie sprechen. Behutsam, erklärte ein Beamter, dass es ein schlimmes Ereignis gegeben hat. Stans Frau erstickte bei einem Tauchvorgang. Die Obduktion ergab, dass sie an einer Überdosis Gift gestorben sei. Ein Stachel eines Rochens war das Übel. Stan sitzt zurzeit in Untersuchungshaft. „Das ist unmöglich. Mein Neffe kann es nicht gewesen sein." Der Beamte sagte: „Verdächtig ist nur, dass der Stachel des Rochen einen Schnitt aufwies. Der Stachel wurde einem toten Tier entfernt. Das Gift ist nach dem Entfernen immer noch wirksam. Aber wir können es nicht beweisen. Ella erschrak. Sie erkundigte sich bei dem Meeresbiologen Dr. Arndt Bernds welche Fische Menschen töten können. Es ist allerdings wenig bekannt, dass Rochen noch wirksames Gift in den Stacheln haben wenn sie tot sind. Hatte Stan doch etwas damit zu tun? Ella bekam eine Gänsehaut, wenn sie daran dachte. Sie hatte einmal einen Krimi geschrieben mit dem gleichen Inhalt, das heißt, es ging auch um einen Rochen, dessen Stachel noch wirksam war und jemanden umbrachte. Sie ging mit dem Beamten zum Tresor. Sie mussten feststellen, dass auf dem Manuskript Fingerabdrücke waren. Stan gestand schließlich den Mord und wurde zu lebenslanger Haft verurteilt. Der Schock saß bei Berta sehr tief. Von nun an schrieb sie keine Krimis mehr, sondern hielt sich an ihre Liebesromane.

Die Falle

Mexico 1978. Irgendwo in einer kleinen Stadt ereignete sich eine unglaubliche Geschichte. Police Officer Ken Grendell ermittelt in einem Drogenfall. In New York war er Leiter der hiesigen Abteilung. Grendell war ein gewissenhafter Fahnder, der seine Arbeit in der Drogenabteilung sehr ernst nahm. In seiner Freizeit ist er viel mit seiner Familie unterwegs. Das braucht er auch, denn sonst könnte er die vielen Drogentoten, die er täglich sah, nicht vergessen. Alice, seine Frau, schenkte ihm eine wohlgeratene Tochter. Das größte Hobby der Familie war das Segeln. Jede freie Minute verbrachten sie an der Ostküste. Ken Grendell konnte immer schon während der Fahrt wunderbar abschalten. Das fröhliche und herzliche Lachen seiner Tochter half ihm schnell über die schlimmen Ereignisse im Job hinwegzukommen. Zu einem Tatort im Osten der Stadt wurde Ken gerufen. Am Tatort angekommen, sah Jim, Kens Kollege und Freund, zuerst die Leiche. Eine junge Frau, auf dem Bauch liegend. Eine Überdosis brachte sie um. Er drehte die Tote um und musste mit Entsetzen feststellen, dass es die Tochter seines Kollegen Ken war. Taumelnd stürzte er ihm entgegen. Er wusste nicht, wie er es ihm begreiflich machen sollte, dass die Tote seine Tochter war. Zu spät. Ken erkannte seine Tochter an ihrem Lieblingsshirt, mit dem Segelboot.

Mit einer Aufklärungsquote von 85% lag Ken Grendell an der Spitze der Abteilung. Das konnte Ken jetzt allerdings nicht verarbeiten. Bei jeder

Fahrt zu einem Tatort unterhielten sich Gendell und Jim Clarkson kaum, denn sie wussten schon vorher, was sie erwartete. Leider hatten beide keine Lösung für dieses Problem parat.

Officer Ken Grendell wurde vom Fall abgezogen. Sein Freund Jim versicherte ihm, alles zu tun um gegen das Drogenkartell vorzugehen. Die Zeit verging und die Trauer blieb. Ken verkaufte das Boot und wurde versetzt. Aber man konnte eigentlich nicht auf ihn verzichten, denn seine jahrelange Erfahrung war sehr groß. Nahe der Grenze zu Mexico wurde Ken nun eingesetzt. Mit einer kleinen Truppe ermittelte er nun an einer Schule. Ein Schüler konnte genaue Angaben über einen Hehler machen. Ein scheinbar einfacher Fall, denn Kens neuer Partner Steve erkannte schnell, wer dahinter steckt. Der Hehler war flink gefunden. Ein junger Mann, selbst abhängig. Er wollte studieren, gelang dann aber in die falschen Kreise und kam somit vom Weg ab. Ein Deal mit dem Officer sollte ihm Strafminderung einbringen. Grendell rechnete mit einem kleinen Quartier der Drogenhändler.

Zwei Tage später war der Ort des Hauptumschlagplatzes bekannt. Officer Steve Miller studierte die Akten. Officer Grendell wollte am Abend auf der Heimfahrt sich einen genauen Überblick verschaffen. Er bog mit seinem Geländewagen von der Hauptstraße in eine unscheinbare Nebenstraße ein.

Plötzlich stand er vor „Benson's Top Cars". Inzwischen hatte auch Officer Miller eine Spur. Er versuchte seinen Kollegen über Polizeifunk zu erreichen. Ob es am Funkloch oder am Gerät lag, er wusste es nicht. Er konnte seinen Kollegen einfach nicht erreichen. Der Geländewagen näherte sich langsam dem ehemaligen Büro von „Benson's Top Cars". Alles war verlassen. Officer Grendell durchsuchte das Gelände. Sein Nachtsichtgerät hatte ihm schon manchen Dienst erwiesen. Er konnte nichts Auffälliges entdecken. Hinter einem Zaun stand ein alter Jeep. Grendell erinnerte sich an seine Jugendzeit. Mit diesem Auto hatte er Alice kennengelernt. Er stieg in seinen Geländewagen ein und setzte die Fahrt langsam fort. Plötzlich strahlte ihn die alte Neonbeleuchtung des ehemaligen Autohofes an. Ein grelles Rot. Seine Augen taten ihm weh. Grendell war erschrocken. In diesem Augenblick brausten schwarze Limousinen auf ihn zu.

Männer mit Maschinengewehren stiegen eilig aus. Grendell duckte sich auf den Boden seines Autos. Auf einmal Schüsse, Explosionen und entsetzliches Gedröhne.

Er hatte Glück. Fast wäre er im Kugelhagel umgekommen. Irgendwann wurde es ruhiger. Officer Miller eilte herbei. „Alles ist OK?", fragte er. Miller fand die richtige Spur. Der junge Mann, der an der Schule Drogen verkaufte, war der Sohn eines lange gesuchten Drogen- Bosses. Der Tipp war also eine Falle. Miller sagte zu Grendell: „Es war die richtige Zeit zu stoppen." Grendell sagte, dass er vom Hellen, grellen Licht der Neonbeleuchtung geschockt war. Miller fand es auch äußerst eigenartig. Seit über 10 Jahren hatte dieser Stadtteil keinen Strom.

Officer Jim Clarkson, New York, fand heraus, dass die Tochter seines Freundes Ken nicht drogenabhängig war, als sie starb. Sie ist leider zum falschen Zeitpunkt, am falschen Ort gewesen. War sie jetzt zur richtigen Zeit am richtigen Ort?

Balkon zum Jenseits

Aus der Polizeiakte: „... Weiterhin konnte eine Manipulation nicht festgestellt werden. Der Fall ‚Tote auf dem Balkon', Aktenzeichen SD3-OG55SK7, wird hiermit geschlossen. Kriminalkommissar Gerd Schemberg, 06.05.2015 Stuttgart." Ja, dann ist es ja gut, das ist dann wohl die kürzeste Kurzgeschichte, die es je gab. Nun, im Ernst, da steckt viel mehr dahinter. Ich bin Journalistin und recherchiere über Internetmobbing, mein Name ist Beate Dresens vom Kurier. Über diesen Fall wurde viel berichtet, viel recherchiert, nicht nur durch die Kripo, sondern auch vom Bauamt. Aber irgendwie lagen alle etwas daneben. Damit will ich mich nicht größer machen, aber ich entdeckte da etwas. Alles begann wohl, so meine Recherche, im Juni 2014. Frank Alwendi, ein erfolgreicher junger Manager einer Produktionsfirma hier in Stuttgart, ersteigerte im Internet eine Eigentumswohnung. Man muss sich vorstellen, für 17.000 Euro. Also, ich bitte Sie, liebe Leser, dafür gibt es gerade mal einen Kleinwagen, ohne Bett und Küche. Und fließendes Wasser nur im Motorkühler. Auf jeden Fall war der Haken daran, dass mindestens 125.000 Euro in die Renovierung fließen mussten. Eine neue Tapete und Gips reicht da nicht. Alwendi begann nun mit den Maßnahmen, zunächst der Fußboden und die elektrischen Leitungen. Die Fenster sollten im Zuge mit dem maroden Balkon als nächstes auf dem Plan stehen. Zwischen Balkon und Mauerwerk sah man einen zwei Zentimeter großen und etwa 120 Zentimeter langen Riss. Wasser drang ein, im Winter sprengte das Eis alles weiter auseinander. Der rechte Stahlträger war marode und rostete. In der Firma lief es, wie gesagt, für Frank sehr gut. Bis auf den Tag, an dem die zielstrebige Ilona Meiering vorstellig wurde und ihre Idee verkaufen wollte. „Es tut mir leid, Frau Meiering, aber wir können mit unseren Kunststoffen Ihre Idee nicht realisieren, sorry!", sagte Frank Alwendi. „Na dann vielleicht auf einen

Kaffee?", entgegnete Ilona Meiering. Reserviert und doch sehr höflich lehnte der Manager ab.

Heute wurden im Wohnzimmer neue Steckdosen verlegt. Frank hatte es eilig, den Zettel an der Windschutzscheibe steckte er beiläufig ein. Herrlich verchromte Teile ließ er sich einbauen, für mich als Frau war das wunderbare daran, trotz Verchromung, dass man keine Fingerabdrücke sah. Also einen Polizeibericht dürfte ich nicht schreiben, der wäre vier Mal so lang, wie der von Kommissar Schemberg. Ach ja, der eingesteckte Zettel. „Einen Sekt bei mir heute? Ich wohne unter Ihnen! Liebe Grüße Ilona." Frank ignorierte den Zettel, schließlich würde gleich seine Verlobte Angelika nach Hause kommen. Die Tage vergingen mit fleißiger Arbeit und Stuck-Arbeiten im Wohnzimmer. Von nun an klemmte jeden Tag ein Zettelchen unter dem Scheibenwischer. Ab jetzt kamen auch Anfragen in sozialen Netzwerken. Ab jetzt wurde Ilona sehr aufdringlich. In der Firma lief es weiterhin gut. Frank Alwendi sollte die Werksprodukte in China vorstellen, auch die Staaten waren sehr interessiert. Der Manager war durch seine Kompetenz, sein Benehmen und Aussehen bestens geeignet dafür. Ach ja, Angelika war die Tochter vom Chef, das musste ich noch erwähnen. Aber ich finde auch, dass Frank gut aussieht. Ich dürfte wirklich keinen Polizeibericht schreiben. Ein lange vergessenes Urlaubsbild sorgte dann für schlechte Laune. Ein Strandbild mit Svenja, das vor etwa drei Jahren aufgenommen wurde. Angelika und Frank waren seit zwei Jahren ein Paar. Svenja war eine Urlaubsduselei. Nur, auf dem Foto, war jetzt Ilona zu sehen, lediglich der Kopf, man wusste ja, was mit der Bildbearbeitung so alles möglich war. Zunächst war das Bild in den Netzwerken. Frank schaute nur gelegentlich hinein, aber die fast

2.600 User sahen und teilten es. Die Wohnung wurde für den Einbau eines Kamins vorbereitet. Frank sicherte die Balkontür mit einem Kindergitter ab. Jetzt konnte die Tür offenstehen, ohne dass der kleine Paul, Angelikas Sohn, auf dem maroden Balkon in Gefahr kam. Frank sah, dass der Eisenträger fast durchgerostet war, jetzt wurde es höchste Zeit für Erneuerung. Das manipulierte Urlaubsbild hing am anderen Tag an allen Bäumen in der Straße, klemmte an Autos, ja, es drang bis in die Firma vor, auch zu Angelika. Frank öffnete seine Seite im sozialen Netzwerk und sah die Bescherung. Das Konto war gehackt. Ilona führte praktisch einen Liebesdialog mit sich selbst in Franks Account. Löschen nutzte nichts mehr, der Schaden war zu groß. Angelika trennte sich von Frank, die Firma kündigte fristlos mit dem Grund: „Herr Frank Alwendi ist für die Firma Deg... und Co KG untragbar geworden." Es begannen Depressionen bei Frank Alwendi, sozialer Abstieg und Geldnot, aber das Stalking ging weiter. Frank versäumte es einfach, die Kripo einzuschalten. Der ehemalige Top-Manager war am Ende. Die ersten sonnigen Tage im April 2015. Ilona sonnte sich auf ihrem Balkon, es war Sonntag. Sie schlief ein, bemerkte den feinen Staub nicht, der von oben wehte, vom oberen Balkon. Dort nahm Frank eine Eisenstange der Monteure und drückte den maroden Balkon langsam und mit aller Kraft aus der Verankerung. Wie oben im Polizeibericht zu lesen war, konnte Kommissar Schemberg nur einen traurigen Zufall erkennen und keine weiteren Spuren finden. Eine junge Frau war im falschen Augenblick am falschen Ort.

Botschaft aus dem Jenseits

Wie in jeder Ehe, so hatten auch Joachim und Elke Höhen und Tiefen. Beide wurden vor dem zweiten Weltkrieg geboren. Beide erlebten das Donnern der Bomben. Elke versteckte sich dabei immer im Keller des Hotels Kaiserhof. Ihre Großeltern bewirtschaften das Hotel. Hier wurde Elke auch geboren und lebte bis zur Studienzeit in ihrem kleinen Zimmer in der obersten Etage. Joachim war etwas jünger als Elke. Beide verliebten sich in den 1970-er Jahren ineinander. Elke hatte aus erster Ehe eine Tochter. Für Elke und Joachim begann ein neuer Zeitabschnitt. Joachim hätte gern Elkes Tochter adoptiert, aber dies wollte sie auf keinen Fall. Leider war Carola sehr eifersüchtig. Sie bestand darauf, in ein Internat aufgenommen zu werden. Elke und Joachim bewohnten ein kleines Reihenhaus, ließen Carolas Zimmer immer unberührt, denn vielleicht würde sich die Eifersucht irgendwann legen. Wie gesagt, es gab Höhen und

Tiefen, so auch bei Elke und Joachim, aber es überwogen nach vierzig Ehejahren doch die Höhen. Beide wirkten perfekt aufeinander abgestimmt. Wortlos verstanden sie sich. Was aber nicht bedeutet hätte, dass sich beide nichts mehr zu sagen hatten, im Gegenteil, über alle Themen konnten sie stundenlang diskutieren. Mit der Zeit entstand eine tiefe Seelenliebe. Nichts, aber wirklich nichts, konnte sie aus dem Sattel heben. Alles bewerkstelligten sie gemeinsam. Beide kannten sich in- und auswendig. Eines Tages erkrankte Elke. Sie hatten bereits damit gerechnet, dass es geschehen könnte, denn in Elkes Familie erkrankten viele an Demenz. Immer und immer wieder kämpften sie dagegen an. Joachim trainierte Elkes Erinnerungen täglich bis zu zwei Stunden. Ob Kreuzworträtsel, Urlaubserinnerungen, Diskussionen, einfach die gesamte Bandbreite durch. Der behandelnde Arzt bestätigte, dass auf diese Art und Weise wohl eine Verschlechterung der Krankheit um zwei Jahre verschoben werden könnte. Und das bedeutete mehr Lebensqualität. Joachims Einsatz wuchs. Auch er wurde krank, es war der Rücken. Joachim lebte nun nur noch mit Schmerztabletten, aber sein Einsatz wurde deshalb nicht weniger. Im Gegenteil, denn Elke wurde immer träger. Carola beobachtete diese Situation akribisch. Und es kam der Tag, an dem sie zuschlug. Joachim musste zu einer Untersuchung, Elke war allein zu hause. Carola stürmte mit ihrem Ehemann die Wohnung und beide schleppten Mutter Elke unter den Armen aus dem Haus. Joachim fand nur einen Zettel auf dem Küchentisch. Man wollte Mutter Elke untersuchen lassen, da man vermutete, dass Joachim sie gezielt um die Ecke bringen wollte. Joachim brach zusammen. Es war nicht mehr möglich, einen Kontakt zu seiner Frau herzustellen. Drei Monate vergingen, mittlerweile war Joachim psychisch sehr krank geworden. Bei jedem Geräusch im Haus rief er: „Elke, ich komme sofort zu dir!" Aber Elke war nicht da. Eigenartige Dinge geschahen im Haus. Dinge, die niemand erklären konnte. Die noch eingelegte Lieblings-CD von Elke startete in der Nacht automatisch. Geräusche, wie Joachim sie von Elke kannte, hörte er zu allen Zeiten. Er war immer wie versteinert, wurde schlapper und lustloser. Das Leben wurde ohne Elke sinnlos. Den Haushalt übernahm an einem Tag in der Woche Joachims Schwester. Sie kaufte ein und sorgte für Sauberkeit im Haus. Beide unterhielten sich immer wieder über den Vorfall. „Halte mich nicht für verrückt, aber ich spüre Elke deutlich hier im Haus. Es geht ihr nicht gut. Sie verlässt immer mehr ihren Körper", sagte Joachim oft. Joachims Schwester versuchte ihrem Bruder zu glauben. Eines Morgens sagte sie zu Joachim: „Du hast heute Nacht im Schlaf gesprochen. In einer anderen Stimmlage fragtest du ‚Wo bist du?'. Wenn ich das noch einmal höre, nehme ich es auf mein Diktiergerät auf." Joachim sagte darauf: „Siehst du, Elke versucht Verbindung aufzunehmen. Sie ist hier um uns herum, ich weiß es, ich spüre sie, wir sind eins." Tatsächlich passierte es noch weitere Male.

Und dann kam die Nacht der Erkenntnis. Mit fremder Stimme fragte Joachim: „Wo bist du? Ich habe Gerd getroffen. Gerd wurde von unserer Tochter Carola umgebracht. Als Gerd sich von mir trennte, duldete Carola das nicht und vergiftete meinen damaligen Mann. Carola ist krankhaft eifersüchtig. Wo bist du?" Mit dieser Aufnahme gingen Joachim und seine Schwester zur Kripo. Hier rollten die Beamten den Tod von Gerd Krömer neu auf. Carola verstrickte sich bei der Befragung in Widersprüche und gestand die Tat schlussendlich. Der Aufenthaltsort von Mutter Elke wurde bekannt und Joachim konnte seine Frau wieder zurückholen. Elke war bereits sehr geschwächt. Trotzdem sagte sie mit klarem Verstand und klarer Stimme: „Ja, hier bei dir bin ich zu Hause. Hier fühle ich mich wohl." Beide konnten noch ein wenig Zeit miteinander verbringen. Es war fünf vor zwölf, aber auch die letzten fünf Minuten im gemeinsamen Leben waren sehr wichtig.

Das Medium

Mit täglich fünf Kunden rechnete Josefine Krodell. Ihr Arbeitsraum im eigenen Haus war dunkel eingerichtet. Überall waren Kerzen und Symbole aufgestellt. Auf dem runden Holztisch stand eine Glaskugel. Rechts daneben lagen Karten. Josefine war Medium. Ihre Kunden konnten Fragen stellen, Josefine stellte einen Kontakt zur geistigen Welt her und Antworten standen sofort an. Es ging so schnell, dass Josefine erst gar nicht auf die Idee kommen konnte, irgendetwas zu manipulieren. Kunden stellten auch oft nur Testfragen, aber bei richtiger Interpretation hatte Josefine eine Trefferquote von 98 Prozent. Josefine Krodell war verheiratet und Mutter eines Sohnes. Bereits in ihrer Jugend sah sie außergewöhnliche Bilder vor ihrem geistigen Auge. Ungewöhnlich war auch, dass metallische Teile von ihrem Oberkörper regelrecht angezogen wurden und kleben blieben. Heute gab sie ihre Wahrnehmungen gern, gegen einen wirklich kleinen Beitrag, an ihre Kunden weiter. Irgendwie muss sie den richtigen Weg gefunden haben, denn ihre Kundenzahl wuchs und wuchs. Ihr Mann Norbert und ihr Sohn Max haben eine ganz besondere Leidenschaft, die Josefine nur bedingt teilte. Zum einen war es eine riesige Autorennbahn auf dem ausgebauten Dachboden; Favorit von Max war dabei der Ferrari von Michael Schumacher. Außerdem sammelten beide „Männer" im Haus noch Compact-Cassetten. Max war ganz besonders angetan von Abenteuer-Kassetten, der Vater sammelt die ersten Bänder der Welt ab dem Jahr 1963. Heute kam per Post wieder ein Päckchen mit zwei Kassetten. Max war noch in der Schule und Norbert in der Firma. Josefine nahm das Päckchen entgegen und packte es aus, um die beiden Bänder auf den Mittagstisch zu legen. Die Kassetten stammten von einem Händler nahe Nürnberg. Das Mittagessen brauchte noch etwa vierzig Minuten. Josefine setzte sich auf den Küchenstuhl, nahm eine Kassette in die Hand und schloss die Augen. Es war eine Jugend-Kassette, Fünf Freunde, aus dem Jahr 1975. Allmählich sah Josefine verschwommene Bilder, dann wurden sie schärfer und schließlich sogar farbig. Sie sah, wie der kleine Bernd fröhlich aus Papas neuem Audi 100 stieg und in sein Zimmer stürme. In der Hand hielt er die brandneue Hörspiel-Kassette. Bernd legte die Kassette sofort in seinen Compact-Cassetten-Recorder ein. Ganz gespannt saß er nun auf seinem Bett und hörte die Geschichte von der Schatzinsel, auf der fünf Freunde ihre Erlebnisse hatten. Bernd hörte nicht, dass seine Mutter bereits zum vierten Mal zum Essen gerufen hatte. Plötzlich ging die Kinderzimmertür auf und da stand Mutter nun. Na, dachte Josefine: „Das ist ja wie bei Max so. Es wiederholt sich doch alles im Leben." Josefine stand auf und holte den Braten aus dem Ofen, in zwanzig Minuten würden ihre Männer eintreffen. Sie setzte sich wieder an den Küchentisch und betrachtete die andere Kassette. „Oh, endlich mal etwas für mich, ‚Twist im Star Club', eine Philips Kassette aus dem Jahr 1965", sagte Josefine so vor sich hin. Wieder sah Josefine alles ganz deutlich. Die Musik spielte sehr laut. Zigarettenrauch machte das Wohnzimmer nebelig. Sie sah einen Wohnzimmerschrank in Palisander. Der Fernseher zeigte Schwarzweiß-Bilder. Darüber hing ein Kalender, der das Jahr 1966 anzeigte. Josefine sah alles aus den Augen einer auf der Couch sitzenden Person. „Gefällt dir die Kassette, Kurt?", fragte diese Person. Auf dem Tisch standen ein Käse-Igel und diverse Flaschen, wie Wein und Wodka. Ein Mann kam in den Raum, die Zigarette in der Hand, er war wohl angetrunken, hatte auffällige Tätowierungen am Arm. Er setzte sich ebenfalls auf die Couch. „Komm, Mädchen, sei nicht so zickig!", lallte der Mann. Für die Person, aus dessen Sicht Josefine alles sah, wurde es nun sehr ungemütlich. Es handelte sich um Beate Kramer. Josefine sah sogar ihren Ausweis, als Beate in ihrer Handtasche den Lippenstift suchte. Der Mann vergewaltigte Beate und erschlug sie dann mit der Wodka-Flasche. Überstürzt lief der Mann aus der Wohnung. Im Hausflur begegnete er Kurt, der aus dem Automaten um die Ecke Zigaretten ziehen wollte. „Na, Gerd, wieder zu tief ins Glas geschaut? Ich habe heute Besuch von meiner neuen Flamme Beate!", sagte Kurt. Wortlos verließ Gerd das Gebäude. Josefine bekam einen Weinkrampf und sie schrie laut. „Schatz, was ist passiert!", fragte ihr Mann Norbert, der soeben in die Küche kam. Max kam hinzu. „Max, gehe bitte in dein Zimmer, hier ist deine Kassette, Mami hat sich wohl am Kochtopf verbrannt", sagte der Vater zum Sohn.

Stunden später machte Josefine eine Aussage bei der Kripo. Tage später erhielt sie den Bescheid, dass der Mord aus dem Jahr 1966 an Beate Kramer nie aufgeklärt wurde. Kurt Degenhardt war zwar der Hauptverdächtige, aber seine Fingerabdrücke passten nicht zur Mordwaffe, der Wodka-Flasche. Kurt war beim Anblick seiner zukünftigen Frau so geschockt, dass er die Begegnung mit Gerd im Hausflur völlig vergaß. Jetzt wurde der mittlerweile 70-jährige Mann noch einmal vernommen und nach einem Mann mit auffälliger Tätowierung auf dem Arm gefragt. Er erinnerte sich an seinen Nachbarn Gerd Segmüller. Mord verjährte nie. Der 75 Jahre alte Gerd Segmüller wurde danach verhaftet. Josefine erholte sich nur langsam von dem Erlebnis. Sie war noch lange in Behandlung. Ihre Gabe, Medium zu sein, verlor sie. „Sie sollte sich wohl nur noch ganz auf ihre Familie konzentrieren", meinten ihre Kunden, die sehr traurig über das Geschehene waren.

Der letzte Tee

Nun saß er in seinem geliebten Lehnstuhl, trank dabei einen heißen Tee. Earl Grey war sein Lieblingstee, so wie er jeden Tag von Josefine, seiner Hausangestellten serviert wurde. Sein Blick richtete sich auf den See. Er sah auf seine Yacht, einige Million Euro wert. Der Garten des herrlichen Anwesens war wunderbar gepflegt. Der Duft der Rosen drang bis zu ihm und ließ den Tee noch besser schmecken. Ein Mann, der in seinem Leben alles erreicht hatte, 67 Jahre alt, eine schöne Zeit wartete noch auf ihn, auf Herrmann Degrothe. Sein Imperium baute Degrothe mit eiserner Hand auf. Sehr schnell ging es bergauf, er diktierte, wo es langging. Mit seiner ersten Frau hatte Herrmann Degrothe zwei Kinder; Frank und Georg. Schon sehr früh erklärte er ihnen den Erfolgsweg des Geldes. Degrothes Ehefrau Sonja, also die aus erster Ehe, denn jetzt war er ja mit Barbara verheiratet, hätte die Söhne lieber auf den Weg der Güte, der Liebe und der Ehrlichkeit geschickt. Aber Herrmann setzte sich durch. Nun saß also Herrmann Degrothe vor dem geöffneten Fenster, trank seinen Tee und erfreute sich an den Rosen, besser, an seiner Jacht, nein, er erfreute sich an seiner Macht. Macht, die er auf Geschäftspartner, auf Angestellte, ja, sogar auf seine Familie ausübte. So schrieb es Sonja in einem Abschiedsbrief, den sie ihrer Schwester Barbara heimlich zukommen ließ. Herrmann Degrothe hatte von Anfang an vor, dass Sonja nur Kinder gebären sollte, am besten vier Jungen. Nach dem zweiten Kind ließ sich Barbara sterilisieren, das war ihr Tod. Systematisch tyrannisierte Herrmann seine Frau. Jeder Tag wurde für Barbara zur Qual. Frank und Georg wurden angehalten, mehr aus den Geschäften herauszuholen. Für einen Hungerlohn zwang ihr Vater sie, erfolgreich zu sein und zu betrügen. Am Anfang des Geschäftslebens, als Barbara noch an Liebe dachte, schien alles gut zu laufen. Beide schrieben frühzeitig ihr Testament. Übertrugen alles gegenseitig. Herrmann war auch noch einverstanden, dass im Falle eines Versterbens von beiden, die zwanzig Jahre jüngere Barbara als Erbin eingesetzt würde. Das lag nun alles vierzig Jahre zurück. Vor drei Jahren kam Sonja bei einem Unfall ums Leben, zumindest stand es so in den Polizei-Akten. Das Ehepaar Degrothe kam auf ihrer Jacht in ein Unwetter, Herrmann kehrte allein zurück. Spekuliert wurde bis heute. Barbara kam zur Trauerfeier aus Rom in das Haus ihres Schwagers. Ihre kleine Wohnung konnte sie ohne weiteres ein, zwei Wochen allein lassen. Anhang hatte die hübsche junge Frau nicht. Sie trauerte im Haus der Degrothes. Bereits am zweiten Tag veränderte sich Barbara. Sie wurde schlapper, lustloser und müder. Herrmann war sehr zuvorkommend, verwöhnte sie mit köstlichem Tee. Die junge Frau ahnte nicht, dass sie mit Drogen vollgepumpt wurde. Bereits nach drei Monaten zwang Herrmann sie zur Heirat. Völlig willenlos sagte Barbara leise „Ja" zum Standesbeamten.

Man könnte denken, das damals verfasste Testament ließe sich doch einfacher aus dem Weg räumen. Nein, daran dachte Herrmann nicht mehr, er wollte die junge Frau als Eigentum, als Hörige. Mittlerweile flüchteten Frank und Georg aus den Firmen und der Macht des Vaters. Dem Druck hielten sie nicht mehr stand. Frank erfuhr, dass bei einem Immobiliengeschäft sein Vater einen Mitkonkurrenten aus dem Weg räumen lassen hatte. So gierig wurde Herrmann Degrothe im Laufe der Zeit. Heute arbeitete Frank als Buchhalter, Georg als Steuerberater. Natürlich in einem anderen Land. Wo genau, das wusste niemand. Barbara ereilte eine Hautallergie, eine unangenehme Sache, denn es juckte schrecklich.

Geistesgegenwärtig stellte sie ihre Nahrung um. Von nun an trank Barbara viel Wasser und aß nur trockenes Brot. Nach vier Wochen fühlte sie sich wie neu geboren. Herrmann verwöhnte sie wieder mit Tee, in den er die Drogen mischte. Nur durch Zufall bemerkte Barbara das Röhrchen mit dem weißen Pulver. Gab es noch mehr davon? Barbara durchsuchte das Haus. Sie wurde fündig. Das Pulver schmeckte leicht bitter, außerdem hatte sie ein betäubendes Gefühl auf der Zunge. Was sollte Barbara nun tun? Neuerdings war die Eingangstür verschlossen, vor den frei herumlaufenden Rottweilern im Garten hatte sie Angst. Josefine war ihre Rettung. Barbara setzte sich an den Schreibtisch ihrer verstorbenen Schwester, suchte Papier und Schreiber. Eine Kopie des Testaments lag unter allen Papieren, sowie eine Nachricht an Barbara. „Wenn du das liest, liebe Schwester, dann bist du so verzweifelt wie ich es war. Ich wollte einen Abschiedsbrief schreiben, dachte dann aber, warum soll ich mein Leben opfern. Ich wollte das Schwein umbringen..." Die ganze Lebensgeschichte war notiert, alles, aber auch wirklich alles kam ans Tageslicht. Aber, der letzte Satz war beängstigend: „Geh nicht zur Polizei, das Schwein lässt dich umbringen, er hat Mittelsmänner. Er ließ mich auch ständig überwachen. Bring das Schwein um und lebe mit dem Vermögen mit meinen geliebten Söhnen in Frieden. Bitte spende etwas an ‚Frauen in Not' und ‚Menschen mit

Drogensucht', du wirst es schon richtig machen. Deine Schwester Sonja."
Herrmann saß immer noch auf seinem Lehnstuhl, blickte zur Jacht, genoss
seinen Einfluss und seine Macht. Langsam schloss er die Augen, das Gift
wirkte. Dieses Mal hatte er etwas im Tee. Dr. Dresen stellte lediglich einen
Herzinfarkt fest.

Die Uhr tickt

Der ins Alter gekommene Rechtsanwalt Heinrich
Böllinghausen bot seinen Mandanten und Freunden
einen besonderen Service an. Böllinghausen hatte
so gut wie keine Aufträge mehr, was ihm völlig egal
war, denn er war bestens abgesichert. Gern saß er
aber in seinem Büro, las die Tageszeitung und
genoss um 12 Uhr 30 sein Mittagessen im
Restaurant „Zum Krug". Sein Safe war nicht mehr
gefüllt, keine Akten waren mehr zu archivieren,
alles war entsorgt. Gegen einen kleinen Beitrag von
zehn Euro im Monat, konnten jetzt ehemalige
Mandanten und Freunde einen Schuhkarton mit
ihren Habseligkeiten darin deponieren.

Böllinghausen war ja immer vor Ort, sogar an vielen Wochenenden, es erwartete ihn zu Hause auch niemand mehr. Die beiden Söhne hatten ihre Kanzlei in weit entfernten Städten und seine Frau war seit nun genau 8 Jahren verstorben. „Mein Name ist Mike Gehldorf, es empfahl Sie Herr Gerhard Wenninger, er war einmal Mandant bei Ihnen. Es ging um Erbrecht und so", Herr Gehldorf, ein etwa 35 Jahre alter und gepflegter Mann stellte sich bei Rechtsanwalt Böllinghausen vor. „Das ist ja nett, aber ich praktiziere nicht mehr", sagte Böllinghausen. „Nein, nein, ich möchte etwas bei Ihnen deponieren. Ich bin Goldschmied, müsste täglich an meine Sachen. In meinem neuen Geschäft wird erst in etwa drei Wochen ein Tresor eingebaut!" Beide einigten sich auf eine Aufbewahrungszeit von maximal vier Wochen. Gehldorf prüfte eingehend den Safe und die Kanzlei. Zwei Straßen weiter wartete Dirk Bosner auf Mike Gehldorf in seinem alten angerosteten Golf. Gehldorf im gepflegten Zwirn in einem in die Tage gekommenen Golf? Nun, sie und zwei weitere Männer hatten es lediglich auf Böllinghausens Tresor abgesehen, mehr nicht. Eine erfahrene Verkäuferin aus einem Bekleidungsgeschäft hätte sofort die abgewetzten Stellen an Jackett und Hemd bemerkt. Für einen Goldschmied mit großen Umsätzen bestimmt nicht tragbar. Die beiden anderen in der Ganovenrunde kannten sich mit dem Bau von Bomben aus. „Die Tür zur Kanzlei ist leicht zu knacken. Am Nachmittag, vor unserem Bruch, lege ich die Haustür des Geschäftshauses lahm. Kurt, kümmere dich mit Toni um die Bombe. Wie habt ihr das eigentlich genau vor?", fragte Bosner. „Wir werden zwei Bomben bauen. Beide mit Zeitzünder, beide sind mit Atomuhren bestückt. Eine der Bomben wird an unserem Golf montiert und eine Straße weiter geparkt, mit der anderen sprengen wir den Safe", so Toni. „Klingt perfekt. Alle sind mit dem Auto beschäftigt. Ich habe uns einen BMW günstig erstanden. Bis zur Grenze wird er es schon schaffen, er ist bereits vollgetankt, randvoll!", sagt Mike. Der große Tag kam, die bis ins Detail durchdachte Idee wurde umgesetzt. Samstag, 17 Uhr: Bosner blockiert mit Zange und Schraubendreher die Geschäftstür. 17 Uhr 10: Gehldorf umkurvt den Block, bis er direkt vor dem Geschäftshaus einen Parkplatz für den BMW findet. Toni platziert bereits den Golf in der Nachbarstraße. Der Herbst zeigte seine dunklen Tage, um 19 Uhr 40 betreten alle das Geschäftshaus. Tatsächlich ließ sich die Tür zur Kanzlei leicht aufbrechen. Die Bombe wurde am Tresor platziert. „Wie lange noch, Toni?", fragte Bosner. „Noch etwa acht Minuten, gehen wir in Deckung!", so Toni. Sie verschanzten sich im Nachbarraum. Hier standen schwere Metallregale mit alten Akten die auf den Reißwolf warteten. Drei, zwei, eins ... ein Knall war zu hören. Der Golf stand in Flammen. Die Bombe am Tresor versagte. Warum auch immer! „Los raus hier, nimm die Bombe mit, Toni!", schrie Bosner. Sie warfen sich in den BMW und kratzten die Kurve. „Verdammt, die Atomuhr hat den Kontakt zum

Sender verloren, steht auf Sommerzeit!
Verdammt!", ärgert sich Toni. In den Nachrichten
war zu hören: „Autobahn BAB 52 in Richtung
Holland explodierte bislang aus unbekannten
Gründen ein PKW. Die vier Männer kamen dabei
ums Leben!"

Ein schickimicki Mord

Im noblen Vorort von München ist in der Schickimicki-Szene ein reicher
Mann um die Ecke gebracht worden. Nicht weit vom Tatort fand Kommissar
Schrammel eine Brieftasche eines Mannes. Bei der Vernehmung auf der
Polizeiwache in der Beethovenstraße verstrickte sich der Mann in
Widersprüche und wurde so zum Verdächtigen. Zwei Stunden später
knickte der Verdächtige ein und wurde zum Täter. Die Akte Mord ZX3B2015
konnte schnell geschlossen werden. „Na ja, wer Schussknecht heißt, ist ja
eigentlich schon bestraft genug, jetzt bringt er auch noch jemanden um!",
sagte Schrammel. „Schussknecht?", fragte Kommissar Hans Brückl. „Da
hatte ich einmal einen Fall, das muss bestimmt 25 Jahre her sein. Der Fall
wurde nie gelöst. Mich erinnert aber der seltsame Name daran. Lasst es
euch schmecken. Heut hat sich der Koch Hubert mal Mühe gegeben."
Schrammel darauf: „Stimmt! Aber was kann Hubert bei Semmelknödeln
schon falsch machen?" Alle grinsten sich an und stimmten zu. Tage später
liefen sich die beiden Kommissare wieder über den Weg. „Hast' den Fall
Schussknecht schon abgeschlossen, Herr Kollege?", fragte Brückl. „Ist

erledigt, ging ja alles fix!", sagte Schrammel. „Komm' morgen mal in mein Büro, wir gehen die Akten von vor 25 Jahren durch", so Brückl. Beide saßen mit einem Wurstbrot am Schreibtisch und studierten die alten Akten. Es war am 15. August 1990, als man in einem Waldstück eine tote Frau fand. Es lag ein Abschiedsbrief neben ihr, aber auch ein Weidenkorb mit einem Neugeborenen darin. Die Frau hieß Anna Schussknecht.

Es deutete wirklich alles auf Selbstmord hin. Der Vater des kleinen Franzl konnte nie ermittelt werden. Man stellte lediglich fest, dass die Tote zu einem Trio gehörte, die Einbrüche verübte. Ihre Fingerabdrücke fand man in den Wohnungen der Geschädigten. Mindestens zwei Männer waren noch beteiligt. „Hier ist noch eine Liste der gestohlenen Objekte", sagte Brückl. „Ist das Haus des Ermordeten schon freigegeben?" „Nein, lasse es uns noch einmal aufsuchen", sagte Schrammel und hatte eine Vermutung. Beide fuhren zur Wohnung des Ermordeten und begannen mit der Durchsuchung. „Was vermutest du, Herr Kollege?", fragte Brückl. „Das wird alles kein Zufall sein, schau' dir mal dieses Ölgemälde an", so Schrammel. „Tatsächlich, es steht auf der Liste!", sagte Brückl erstaunt. Beide durchsuchten das Haus in der Schickimicki-Szene nun genauer, stellten alles auf den Kopf. Sie wurden fündig. Ebenfalls fanden sie ein Testament. Als Erben waren zwei Männer eingesetzt: Franzl Schussknecht und der Huber Karl. Am nächsten Tag beriefen die Kommissare eine Sonderkommission. Zwei Kollegen observierten den Verdächtigen Huber. Zwei weitere Kollegen und Kolleginnen suchten die noch lebenden Geschädigten der Einbruchserie auf. Auch die Versicherungen wurden informiert. „Der Durchsuchungsbefehl für Huber liegt vor!", rief Schrammel in die Runde. „Dann fahren wir gleich los", freute sich Brückl. „Vielleicht wird mein Fall nun nach fünfundzwanzig Jahren gelöst!" In der Wohnung des Verdächtigen Schrammel fanden die Beamten tatsächlich weitere Funde der damaligen Räuberei. Auch hier lag im Schreibtisch ein Testament mit den eingesetzten Namen: Franzl Schussknecht und Herbert Müller, in der Schickimicki-Szene bekannt als Gold-Herbie. Karl

Huber wurde festgenommen. „Herr Kollege, der Franzl muss doch ein Motiv gehabt haben? Er ist als Erbe eingesetzt, nun fliegt alles auf. Da stimmt doch etwas nicht", sagte Brückl. Die Kommissare stellten Huber und Schussknecht gegenüber. Sie ließen beide erst unbeaufsichtigt, aber das Mikrofon war eingestellt. „Sag nichts, Franzl, ich erkläre dir alles später", flehte Huber. „Aber ich habe doch das Richtige getan", entgegnete Franzl Schussknecht. „Er hat doch meine Mutter getötet." Nach langen Verhören stellte sich heraus, dass Anna Schussknecht reinen Tisch machen wollte. Nachdem Franzl auf die Welt kam, gab es nur noch eines für sie, Familiengründung und die erbeuteten Sachen zurückzugeben. Dabei wusste sie nicht, wer genau der Vater von Franzl war, Herbert Müller oder Karl Huber. Die beiden Männer wussten es auch nicht. Nur durch einen dummen Zufall erfuhr Franzl Schussknecht, dass es sich nicht um Selbstmord, sondern um Mord gehandelt hatte. Im Rausch des Alkohols sagte Huber: „Ich habe deine Mutter geliebt, aber Herbert brachte sie einfach um, als sie reinen Tisch machen wollte." Beide gestanden ihre Taten. Eine Analyse ergab, dass Franzl der Sohn von Herbert Müller war. Das war Franzl Schussknecht aber völlig egal. Verständlicher Weise.

Ein Toter wird reden

Inspektor Blake arbeitet schon lange im Stadtteil Kensington. Er hatte sich vor einigen Jahren hierher versetzen lassen. Vorher wohnte er in Waterloo-London Bridge. Dass er nach Kensington versetzt wurde, war ihm nur recht. Irgendwie liebte er diesen Stadtteil, da hier viele Persönlichkeiten wie zum Beispiel Freddy Mercury oder Newton und auch die berühmte Schriftstellerin Virginia Woolf lebten. Kensington war sehr belebt, die Bevölkerung wuchs ständig. Aber auch die Kriminalität. Inspektor Henry Blake war im besten Alter und hatte noch einige Jahre zu arbeiten. Kein Problem, denn er liebte seinen Beruf. Da er keine Familie hatte, konnte er täglich Überstunden machen und sich gänzlich seinem Job widmen. Eine Heirat hatte er immer als Ballast empfunden. Dagegen war sein Assistent Tom Sidney glücklich verheiratet. Zwar kinderlos, aber das war ihm egal. Na ja, jedenfalls tat sich einiges in der Verbrecherbekämpfung. Die beiden Polizisten hatten alle Hände voll zu tun. Sie liebten ihren Job, obwohl es immer schwieriger wurde gegen dieses grausame Morden vorzugehen.

Am Morgen des 12. Dezember 1991, sie fuhren gerade durch den Stadtteil Streife, sprang das Funkgerät im umgebauten Austin FX4 an. Der Wagen diente einst als Taxi. Tom Sidney und Henry Blake erschraken wie jedes Mal, wenn das schrille Dröhnen aus dem Gerät drang. „Dieses verdammte alte Ding, schimpfte Tom, da kriegt man ja einen Infarkt." „Hallo, Ihr zwei Gauner", hörte man am anderen Ende der Leitung eine angenehme Frauenstimme rufen! Henni war eigentlich schon in Rente, aber mit ihren 70 Lenzen noch geistig auf Zack. Die Firma riss sich um sie und Henni machte gerne ihren Job. Sie war froh, noch gebraucht zu werden. Gelassen sprach sie weiter mit ihrer noch recht jugendlichen Stimme: „In der Kings Road liegt ein Toter an einem Wasserhydranten, beeilt euch." „Klar Henni, machen wir doch glatt Süße", rief Blake durch das Mikrophon!" Sie rasten, was das Fahrwerk des alten Austin her gab los. „Gibt es hier in dem verdammten Stadtteil auch mal Tage, an denen nicht gemordet wird!", rief Tom Sidney fast ungehalten. „Ich glaube kaum", stöhnte Henry. Am Tatort angekommen, sprangen sie aus dem Wagen und handelten schnell. Der Tote war etwa 1,80 groß, laut seinem Ausweis 75 Jahre alt. Er war außerdem sehr elegant gekleidet. Der alte Herr trug eine Melone, die wohl während des Falls etwas verrutschte und ihm schon fast lustig anzusehen, im Gesicht hing. Der Mantel, den er trug, war aus feinstem Kamelhaar gearbeitet. „Also wie man vermuten konnte, kein armer Mann", sagte Inspektor Henry Blake zu Tom Sidney. Justus Hoffmann, war ein deutscher Geschäftsmann, der vor Jahren nach London kam, um hier die Firma seines verstorbenen Bruders, samt seiner eigenen Firma weiterzuführen. Blake erfuhr am Telefon, dass Justus heimlich mit Waffen handelte und seine Geschäfte weit bis über den Globus bekannt waren. Er lebte schon lange in London – so erfuhr man – und machte hier unentdeckt seine Nebengeschäfte. Aber wer hatte Interesse, ihn zu töten und warum? Vor allen Dingen, wie brachte man ihn um? Der Tote verbreitete einen recht unangenehmen Gestank. „Eigentlich ungewöhnlich für einen gerade Ermordeten", sagte Tom. Sie riefen einen Leichenwagen. der den Toten sofort zur Untersuchung in die Obduktion brachte. Die Inspektoren fuhren zurück in ihr Büro und warteten auf Ergebnisse. Die Zeit verging und

langsam wurde Henry unruhig. „Mann, das zieht sich heute aber wie
Kaugummi hin. Möchte wissen was die alles untersuchen." Weitere
Stunden später klingelte endlich das Telefon. Henry nahm den Hörer ab
und wartete gespannt auf Informationen. „Reden sie schon Doktor, was
haben sie herausgefunden?" Zunächst war Stille am anderen Ende der
Leitung. „Tja, was soll ich sagen", sprach der Arzt von der Leichenbeschau.
„Der Mann weist keinerlei Spuren eines Kampfes auf. Keine Einstichstellen,
keine Würgemale, keine Einschusslöcher. Nichts." „Ja danke. Und wie soll es
weiter gehen?" „Wir müssen solange suchen, bis wir wissen, wie er ums
Leben kam, Inspektor. Das wird einige Zeit dauern, bitte noch Geduld."
„Danke Doktor", antwortete Blake, „wir haben ja eh nichts zu tun. Bis die
das von der Pathologie rausbekommen haben, ist die Leiche verfault",
witzelte der Inspektor. Die Tage vergingen und nichts tat sich.

Eines Morgens meldete sich Dr. Braun: „Hallo Leute,
es kann weitergehen. Im Fall Opa 75 haben wir ein
unglaubliches Ergebnis vorzuweisen." Inspektor
Blake wurde ungeduldig: „Jetzt rücken sie endlich
raus mit der Sprache, Doktor!" „Tja, wie soll ich es
nur sagen? Es ist so", druckste der Arzt herum, „der
Tote wurde quasi von innen in die Luft gejagt. Der
Darm ist total zerfetzt. Die gesamten inneren
Organe sind zerstört." „Anhand des Geruchs merkte
man schon, dass was nicht stimmte", sagte
Inspektor Sidney. „Aber wie sollen wir das
verstehen?" „Es wurde ihm ein Zäpfchen verpasst,

das mit einem Zeitzünder per Funk aktiviert wurde",
sagte Braun, ein außerordentlich guter Pathologe.
Aber hier verlor er fast den Verstand, denn er
konnte nicht begreifen, wozu Menschen im Stande
sind. Der Arzt erklärte weiter: „Es handelt sich hier
um eine kleine Kapsel in der Form eines Zäpfchens,
das mit hochaktivem Sprengstoff gefüllt war." „Und
wer hat sie ihm in den Darm gesteckt?", fragte
Henry Blake. „Ich werde hier meine Arbeit
beenden", sagte der Arzt. „Mehr kann ich nicht
tun." Die Inspektoren hatten jetzt Arbeit vor sich.
Blake und Sidney mussten draußen Luft holen, denn
einen solchen abartigen Mord hatten sie noch nicht
aufklären müssen. Mit welchen Leuten hatte
Hoffmann zu tun gehabt? Wer war zuletzt bei ihm
oder wo war er? Da er seit Jahren heimlich mit
Waffen handelte, konnte man sich eigentlich
denken, was dahinter stecken könnte. Sie
durchsuchten seine Wohnung. Ein paar
Telefonnummern und einige Zettel mit Namen
waren die Ausbeute. „Warten Sie, Henry", sagte

Tom, „Lassen Sie uns in den riesigen Schrank schauen, der in seinem Schlafzimmer steht." „Klar doch, hätte ich fast vergessen", antwortete sein Kollege. Als sie die riesige Tür öffneten, fiel ihnen ein Koffer aus den 1920'er Jahren auf. Tom ließ nicht locker und brach den verschlossenen Koffer auf. Bündelweise fielen ihnen die Geldscheine entgegen. Henry war nicht mal überrascht, denn in den Kreisen, in denen sich der Tote bewegte, wurde mit viel Geld gearbeitet. Waffenhandel musste schnell und mit Barem bearbeitet werden. Henry Blake und Tom Sidney stöberten jetzt erst recht überall nach irgendwelchen Hinweisen, die zur Aufklärung des Mordes führen könnte. Sie nahmen alles auseinander, bis einer der beiden schließlich eine Liste mit Namen fand, die zwischen den Geldbündeln versteckt war. Sie schlossen alles hinter sich ab und die eigentliche Arbeit begann für die Inspektoren in ihrem Büro. Sie durchleuchteten jede Person, bis sie auf einen Unternehmer stießen, mit dem sie nie gerechnet hätten. Niclas Dimitrius.

Ein eigentlich unauffälliger Mann, der mit seiner Lebensmittelfirma weltweit bekannt war. Er verkaufte seine berühmten Dimitrius Brotaufstriche recht gut. Ein reicher Mann, der eigentlich mit seinem Leben zufrieden sein musste. Inspektor Blake ließ ihn auf Herz und Nieren überprüfen. Wie erwarten stellte sich heraus, dass Dimitrius mit Waffen handelte, wie Justus Hoffmann auch. „Aber was hatten sie gemeinsam?", sagte Tom. „Ist doch klar", antwortete Blake. „Sie handelten beide mit Waffen. Hoffmann besorgte sie, wenn die Nachfrage dafür da war. Justus war durch seine Geschäfte aber auch mit den Geschäften des Waffenhandels gut bekannt. Das hatte ihm das Leben gekostet." Die Inspektoren forschten weiter. Es stellte sich heraus, dass Hoffmann auch im Drogenhandel kräftig mitmischte und ganz in den kriminellen Abgrund abgerutscht war. Er wurde von jemandem ermordet, der es arg nötig hatte. Henry Blake und Tom Sidney kamen zu der Überzeugung, dass dieser perverse Mord nur in der Drogenszene geschehen konnte. Tom sagte: „Wo sollen wir denn da suchen? Wo sollen wir anfangen?" Henry überlegte. „Lass uns einmal versuchen, logisch die Sache aufzurollen. Das viele Geld. Wir müssen unbedingt noch einmal in die Wohnung", sagte Inspektor Blake schon fast resigniert. Sie fuhren los, aber mit einem schlechten Gefühl im Magen. „Irgendwas erwartet uns noch, ich weiß aber nicht was es genau ist", meinte Tom. „Dieser verfluchte Regen!", regte sich Henry auf. „Man sieht die Hand vor Augen nicht und warum müssen heute alle gleichzeitig mit dem Auto fahren? Es ist einfach zum kotzen." „Aber Inspektor", versuchte Tom ihn zu beruhigen, „die neuen Scheibenwischer liegen im Kofferraum, wir hätten dran denken müssen." An der Eigentumswohnung des Justus Hoffmann angekommen, ahnten die beiden schon etwas. Die Tür war angelehnt, das Siegel abgerissen. Vorsichtig traten sie ein. Da sie von Berufswegen Leisetreter waren, wenn sie in eine Wohnung gingen, hörte der Mann nicht, dass sie hinter ihm standen. Er war

Anfang 30, völlig heruntergekommen und wühlte in den Unterlagen herum. „Bleiben Sie still stehen und drehen Sie sich langsam um, wenn Sie ihre Waffe, sofern Sie eine besitzen, fallengelassen haben!" Langsam, mit zitterndem Körper drehte sich der Mann zu den Inspektoren um. Er nahm die Hände hoch und ließ sich bereitwillig untersuchen. „Wer sind sie?", fragte Tom leise. „Ich heiße Fred Bailys. Hoffmann hat mit versprochen, an Heroin zu kommen, ich brauche es dringend." „Wo waren sie vor zwei Wochen um 12.54 Uhr?", fragte Henry Blake. „Woher soll ich das denn jetzt noch wissen", zitterte der Mann herum. „Erinnern sie sich gefälligst, es geht hier um einen gemeinen Mord." Der Mann wirkte ängstlich und begann vorsichtig an zu reden: „Ich habe ihn nicht getötet, aber ich kann Ihnen andere Dinge erzählen, die Ihnen eventuell weiter helfen können. Ich lernte Hoffmann auf einer Wohltätigkeitsveranstaltung kennen. Hier in London natürlich. Ich wusste aber auch, dass dort insgeheim Geschäfte getätigt wurden, die nicht sauber waren.

Hier wurde mit Millionen jongliert. Justus schmierte den jungen Leuten Honig ums Maul und verteilte kostenlos Kokainproben. Hinzu kam, dass auf diesen Veranstaltungen auch miese Waffengeschäfte abgehandelt wurden." „Kaum vorstellbar", sagten beide Inspektoren. „Aber warum sind Sie hier eingebrochen?" „Die Tür war auf, da hat vor mir auch jemand versucht, es ihm heimzuzahlen", sagte Fred Baleys. „Hoffmann hat mich, wie auch viele andere, mit seinen Heroinproben abhängig gemacht. Er verteilte sie immer wieder an die Abhängigen, die dann schmutzige Arbeiten für ihn erledigen mussten. Ja, dieses Schwein hat mich zu einem Kriminellen gemacht. Ich hasse ihn. Ja, ich brauche Geld, viel Geld für Heroin und Kokain. Er hatte dieses Geld. Jeder wusste, dass er die Scheine Bündelweise in seiner Wohnung hortete. Ich wollte heute zu ihm und ihn um einen Kredit bitten, der ihm nicht wehgetan hätte. Als ich sah, dass die Tür offen stand, wollte ich mich selbstverständlich bedienen, ich gebe es zu. Selbst er hatte bei vielen

Geschäftsleuten Schulden. Er konnte zwar bezahlen, hat es aber immer darauf ankommen lassen. Er gab im Ausland Waffenbestellungen für seine Kunden auf, die mittlerweile fast auf dem ganzen Globus verteilt waren, Waffen, die er in einem alten Lagerhaus am Hafen deponierte. Auch die Drogen versteckte er hier", sagte der Mann, der sein Zittern nicht mehr unter Kontrolle hatte. „Aber gerade, weil es um diese schmutzigen Geschäfte ging, hätte er besser aufpassen müssen. Immer wieder legte er es darauf an." Nachdem die Inspektoren dem Drogenkranken Mann erzählt hatten, wie Hoffmann starb, sagte dieser: „Wissen sie, sein Umfeld ist sehr groß gewesen, da suchen Sie die Nadel im Heuhaufen." Inspektor Blake entgegnete: „Sie haben Recht, das wird im Sand verlaufen." „Wo sollten wir anfangen zu suchen?", meinte Tom. „Vermutlich müssten wir in Russland, China und der Türkei suchen, denn von dort hat Hoffmann die größten Waffen- und Drogenlieferungen bekommen. Wissen Sie, Baleys, in Ihrem Fall werden wir ein Auge zudrücken, denn wir haben keine Drogen bei Ihnen gefunden." Die Inspektoren schlossen den Fall als unlösbar ab. Außerdem war er ihnen einige Nummern zu groß. Sie fuhren mit dem alten Austin in ihr Büro und schlossen die Akte Justus Hoffmann für immer.

Einsam lag er unter dem Triumphbogen

Pater Emanuel Sadre hatte täglich viel zu tun. Er sorgte dafür, dass seine Schäfchen eine schöne Messe bekamen, aber auch einen schön dekorierten Altar. Darauf kam es ihm besonders an. Nur ein einziges Laster hatte der Pater. Und das kostete ihn das Leben. Er war Männern zugetan. All abendlich hielt er sich in den Kreisen dieser Leute auf. Der Pater besuchte Lokale in normaler Kleidung oder vereinbarte Termine in Hotels und auch bei sich zu Hause. Mit seinen fast 50 Jahren war er nicht mehr der Jüngste. Trotzdem wollte er wenigstens noch etwas vom Leben haben. Seine Berufung zum Gottesmann genügte ihm nicht. Viele nutzten sein gutes Gemüt, aber auch sein großes Herz aus. Einige Jahre ging er nun schon neben seiner Aufgabe als Pater, seinen Trieben nach. Mittlerweile kannte man ihn genau in der Szene. Die jungen Männer aus Emanuels Bekanntenkreis, hatten keine Arbeit und waren ständig auf der Suche nach Geldgebern. Mehr als einmal wurde der Pater angepumpt. Als er sich eines Tages nicht mehr darauf einließ, erpresste man ihn auf übelste Weise. Er konnte sich keinen Skandal erlauben. Wie würde er dastehen? Was wäre, wenn herauskäme, was er in seiner Freizeit tut? Für seine Veranlagung konnte er ja nichts. Nur, dass er sich in zwielichtiger Gesellschaft aufhielt, war auch ihm nicht mehr geheuer. Die Kriminellen, die ihn erpressten, wollten, falls er nicht in der Lage sei 100.000 Euro zu zahlen, Flugblätter an der Kirche befestigen. Außerdem hatten sie eine heimlich gemachte Aufnahme, die ihn in eindeutiger Pose mit einem Mann zeigte. Was sollte er nur tun? Zur Polizei gehen? Nein, das würde auf keinen Fall in Frage kommen. Seit Wochen hielt er sich schon der Szene fern und doch ließ man ihn nicht in Frieden. Mein Gott, dachte er, eine so bekannte Kirche, wie die Sacre- Coeur, durfte nicht beschmutzt werden, schon gar nicht sein Ruf, denn alle liebten ihren Pater. Der 45 Meter hohe und 50 Meter breite Triumphbogen war ein beliebtes Ziel für Touristen. Wer kein Auto hatte, konnte ihn auch bequem mit der Metro erreichen. Kommissar Marc Leon traf sich dort oft mit seiner Assistentin Janette Dumas. Sie war einige Jahre jünger, aber das tat ihrer Liebe keinen Abbruch.

Alle Kollegen wussten, dass sie ein Verhältnis hatten. Janette kam erst vor zwei Jahren ins Team. Sie war alleinstehend. Marc Leon war verheiratet, aber seine Frau erkrankte vor ein paar Jahren an Demenz. Am Tage musste sie von Pflegekräften versorgt werden, damit er seinem Job nachgehen konnte. Als Kommissar und Chef des Ganzen, war er fast nicht abkömmlich. Außerdem brauchte er dringend das Geld. Sein Job wurde gut bezahlt. Da seine Frau fast dreißig Jahre älter war als er, stimmte sie noch im gesunden Zustand zu, dass sich im Falle des Ausbruchs der Krankheit, Marc Leon noch mal eine Frau suchen sollte. Zusammen mit der neuen Frau würde er dann seine kranke

Frau versorgen. Nur leider hatte sie alles wieder vergessen und der Kommissar musste sich heimlich mit Janette treffen. Auch an diesem Montagabend gingen sie zum Triumphbogen. Doch plötzlich stolperte Janette Dumas über etwas. „Bitte schalte mal deine Taschenlampe ein", sagte sie zu Marc. „Ich bin da auf was Weiches getreten." „Ja, sofort. Kannst du nun besser sehen?" Janette Dumas und Kommissar Leon stand der Atem still. Ein grausames Gemetzel muss hier stattgefunden haben. „Janette, ich glaube, ich muss mich übergeben", sagte Marc. Alles war mit Blut überdeckt. Der Kopf des Toten lag in einer anderen Ecke. Die Hose war heruntergezogen, sein Glied abgeschnitten. Er blutete förmlich aus. Sofort wurde die Spurensicherung gerufen. Janette Dumas sagte zu Marc: „Bitte bring mich nach Hause, ich glaube ich werde mich erst mal krank melden." „Okay, Janette, bitte steig' ein. Auch für mich ist Schluss für heute." Die Aufklärung des Mordes stellte sich als besonders schwierig dar. Viele Dinge stimmten nicht überein. Aus welchem Grund sollte man einen Menschen auf diese Art und Weise töten? Und wer könnte in Frage kommen? Dass er im Schwulenmilieu verkehrte, war schnell klar. Aber er war mit vielen Menschen in Kontakt. „Wir müssen unsere Vorgehensweise genau überdenken, Marc", sagte Janette.

„Es gibt doch bestimmt die Möglichkeit, dahinzufahren, wo er sich am liebsten aufhielt. Wir wissen doch, wo wir suchen müssen", antwortete Marc. „Neben dem Truppenübungsplatz Champ-de-Mars befindet sich eine umgebaute Kaserne. Soviel ich weiß, treffen sich dort seit Jahren Homosexuelle", sagte Marc Leon weiter. Janette Dumas wurde nervös. „Nicht nur die, auch Kriminelle aller Art", antwortete sie. „Da gehe ich nicht rein! Dort ist vor vier Jahren mein Bruder erstochen worden, weil er sich aus Spaß in diese Gesellschaft eingeschlichen hatte. Schnell kamen sie dahinter. Der Mörder ist bis heute nicht gefasst." Janette weinte. Marc Leon musste einen klaren Kopf behalten. Er konnte es sich nicht erlauben, seinen Gefühlen Ausdruck zu verleihen. „Du bleibst hier Janette, ich fahre hin und versuche etwas herauszubekommen." „Okay, Marc, pass auf dich auf." An der Kaserne angekommen, hörte Marc schon von weitem Getöse und Musik. Er konnte aus der Ferne beobachten, wie zwei junge Männer von einem älteren Herrn Geld bekamen. Nicht wenig, so wie es aussah. Was er da sah, war wohl offensichtlich die Bezahlung zweier Männer für diverse Dienste. Die Musik wurde immer lauter. Wieder wurde Geld an junge Männer weitergereicht. Jetzt würde Marc eingreifen. Er lief hinüber und es war ihm nicht wohl bei der Sache. Als er die Tür aufdrückte, kam ihm Zigarettenqualm und schwerer Parfümgeruch entgegen.

Männer tanzten eng umschlungen und halbnackt. Er trat in den Raum und zeigte seine Marke. „Jetzt findet hier ein polizeiliches Verhör statt, bitte nehmen sie Platz meine Herren. Es ist nur eine Routinebefragung, keine Angst." Marc notierte sich alle Namen und Adressen der Anwesenden. „Vor ein paar Tagen wurde unter dem Triumphbogen eine grausam zerstückelte Leiche gefunden." „Haben wir nichts mit zu tun." hörte er von weitem einen rufen. Er fuhr fort: „Der Tote war ein Pater und hieß Emanuel Sadre." Ein Murmeln ging um. Marc zeigte ein Foto des Kopfes des Ermordeten und beobachtete die Leute genau. „Grausam!", schrie einer. „Wer so etwas tut, gehört aufgehängt. Glauben sie uns Herr Kommissar, wir sind zwar verkehrt gepolt, aber keiner von uns könnte so was Grausames tun." „Na, ja…", sagte Leon, „Wir werden sehen." Jemand rief aus der hinteren Reihe: „Mein Bruder und ich, wir kennen diesen Mann." Erstaunte Blicke, wo man hinsah. Cloud und Franc Jepard sagten: „Er kam einmal in der Woche und wollte sofort, dass man zu ihm kam." „Wussten sie, dass er Pater war?", sprach Marc weiter. „Auf keinen Fall, nein. Wir sind Studenten die Medizin studierten, wollten uns dringend Geld dazu verdienen, denn wir mussten unser Studium finanzieren. Er schikanierte uns. Wir sollten Dinge tun, die sie sich nicht einmal in ihren Träumen vorstellen können. Ein paar Mal taten wir es, aber dann gingen wir ihm aus dem Weg. Er blieb jedoch hartnäckig und verfolgte uns bis in die Uni. Dann fanden wir in unserem Spint einen Zettel. Darauf stand: ‚Ihr schwules Pack, wenn ihr mir meine Wünsche nicht erfüllen wollt, werde ich reden. Alle werden in der Universität erfahren, was mit euch los ist. Dann seid ihr ruiniert. Überlegt es euch doch noch mal!' Wir gingen zum ausgemachten Treffpunkt und wollten schnell alles hinter uns haben. Wir wissen nicht mehr, was an diesem Abend in uns gefahren ist. Wie im Blutrausch fielen wir über ihn her. Die ganze Wut von den vergangenen Jahren kam hoch. Der Pater demütigte uns, wo er nur konnte. Er dachte, ihm könne ja nichts geschehen. Wer würde schon von einem Pater vermuten, in welchem Milieu er verkehrte? Wir waren blind und unser Denken konnten wir nicht mehr kontrollieren." „Aber mussten Sie ihm denn gleich den Kopf und das Ding abschneiden?", fragte Marc Leon weiter. „Wir benahmen uns wie Bestien und konnten uns schon kurz nach dem Mord an keine Einzelheit erinnern. Blutverschmiert rannten wir davon. Am Morgen danach wunderten wir uns über das ganze Blut, das wir überall am Körper hatten.

Wir bekamen vor uns selbst Angst. Und nun Kommissar, machen sie mit uns was sie wollen." Marc konnte nichts mehr sagen, nahm sie in seinem Dienstwagen mit und übergab sie der Staatsanwaltschaft. Janette war froh ihren Liebsten wieder in die Arme schließen zu können. Marc sagte: „Janette, es gibt grausame Dinge auf dieser Welt, aber können die Betroffenen wirklich für alles verantwortlich gemacht werden?" Die Brüder Cloud und Frank Jepard sollten lebenslänglich bekommen. Aber da sie im Affekt gehandelt hatten und zum Zeitpunkt des Mordes nicht zurechnungsfähig waren, wirkte sich das auf das Urteil etwas strafmildernd aus.

Ordnung muss sein

Angelika Parker war eine attraktive Geschäftsfrau. Zudem war sie auch sehr erfolgreich. Mit 36 Jahren schien sie nun auch den richtigen Partner kennengelernt zu haben. Konrad war Geschäftsführer; nun, eigentlich Verkäufer; also, wenn man es ganz genau nahm, Lagerist. Aber er stellte sich überall als Geschäftsführer vor. Sein Aussehen und seine Visitenkarten waren schon ein echter Hingucker. Angelika war richtig verschossen in ihn. Es störte nur, dass Angelika für ihre Liebsten so wenig Zeit erübrigen konnte. Denn auch Ella Mops kam viel zu kurz. Gassi-Gehen erledigte die Hausangestellte Giesela. Die Mopshündin war sehr glücklich darüber und bedankte sich damit, dass sie heruntergefallenen Abfall aus dem ganzen Haus in die Küche bis vor den Mülleimer trug. „Gehen wir heute noch zum Griechen?", fragte Konrad. „Du, Conny, sei mir nicht böse, ich muss dringend die Geschäftsbücher durcharbeiten. Geh' du nur, vielleicht komme ich noch nach", erwiderte Angelika. Konrad stieg in seinen Jaguar und brauste los. Angelika schenkte ihm den Wagen im letzten Monat. Konrad sprach von festen Geldanlagen für beider Zukunft, da konnte er sich einen neuen Nobelwagen wohl nicht leisten. Und einen Kleinwagen wollte Angelika nicht vor ihrer Villa stehen sehen. „Hey Conny, wo ist denn deine Superbraut?", tönt es Konrad beim Griechen entgegen. „Sie hat wie immer zu tun. Ist Susi heute hier?" Konrad schaut sich angeregt um. In Mini und mit tiefem Ausschnitt stand Susi schließlich vor Conny. „Ach ich bin hin und hergerissen von dir. Für dich würde ich alles tun", schwärmte Conny. „Wir werden sehen, Conny, ob du das wirklich tust", sagte Susi und schaute Conny tief in die Augen. „Meine Schwester hat Recht, Conny. Langsam müsstest du dich doch entscheiden, oder? Meine Schwester ist immer für dich da. Deine Vorzeigedame ist doch trostlos", redete Toni auf Conny ein. „Hast ja Recht, aber ohne sie komme ich mit meiner Kohle nicht klar", redete Conny Klartext. Am nächsten Tag fuhr Conny zu Angelika. Er wollte etwas sagen, da unterbrach Angelika: „Conny, begleite mich morgen bitte nach München. Im Tresor lagern Diamanten und Bargeld in mehreren Millionen. Ich habe mich von meinem Juweliergeschäft in der City getrennt. Allein wollte ich auch nicht zur Bank." Conny schaute Angelika überlegend an. „Conny? Bist du hier?", lachte Angelika. „Oh ja, entschuldige bitte, natürlich begleite ich dich. Ich fahre jetzt zu mir, tanke den Jaguar und lege mich hin, dann bin ich morgen fit!", sagte Conny erschrocken.

Als angeblicher Geschäftsführer hatte Conny ebenfalls einen Koffer in Angelikas Tresor deponiert, so kannte er den Code. Statt in seine Wohnung zu fahren, fuhr Conny zum Griechen. „Susi ist nicht hier, Conny", sagte Toni. „Ich will auch zu dir, Toni, hast du Zeit?", fragte Conny. An einem abgelegenen Tisch schmiedeten beide einen Plan. Um Mitternacht brach Toni einen älteren Golf auf. „Hier die Walther Pistole, Conny. Vergiss nicht, sie abzuwischen und sie in ihre Hand zu legen. Ihre Fingerabdrücke müssen deutlich zu sehen sein", erklärte Toni und fuhr fort: „Wer weiß noch von den Diamanten und der Kohle?" „Niemand, nur ich", antwortete Conny. Am Tatort angekommen, schloss Tony leise die Tür auf. Angelika saß noch mit einem Glas Wein am Schreibtisch. Lilly Mops lag im

Körbchen. Der Kamin brannte langsam aus. „Nanu, Conny, ich dachte du schläfst bereits", sagte Angelika. „Ich wollte dich mit so viel Geld nicht alleine lassen", flüsterte Conny und ging um den Schreibtisch herum auf Angelika zu. Er wollte ihr gerade einen Kuss auf die Wange geben, da zog er die Walther und schoss erbarmungslos in ihren Kopf. Die Waffe ließ er zu Boden fallen. Toni sah alles vom Fenster aus, er schlug die Scheibe ein und öffnete das Fenster. Danach rannte er zum Golf. Conny gab den Zahlencode im Tresor ein und nahm alles heraus, was er finden konnte. Den Golf versteckten sie in einem Wald. Der Jaguar war nicht weit entfernt geparkt. „Hast du an die Fingerabdrücke gedacht?", fragte Toni. „Um Gottes Willen, ich hab's vergessen!", jammerte Conny. „Mist. Dann ändern wir den Plan. Setz mich an deiner Wohnung ab. Ich teile schon die Beute. Fahr du zurück, wisch' die Waffe ab und drücke sie ihr in die Hand", befahl Toni. Conny fuhr los. Zwei Straßen vor Angelikas Haus parkte er. Er schloss die Tür auf. Alles schien gut zu laufen. Er stürmte zum Schreibtisch. Aber die Waffe war verschwunden. Conny suchte alles ab. Er fand sie nicht. Erfolglos verzog er sich.

Am nächsten Morgen öffnete Giesela die Haustür. Ella Mops wimmerte fürchterlich. „Ich bin ja da, Ella Mops.

Jetzt gehen wir unsere Hunderunde!",
rief sie. Im Wohnzimmer erschrak sie
fürchterlich. Sie sah ihre Arbeitgeberin
blutüberströmt am Schreibtisch. Sie rief
die Polizei. Die Polizei untersuchte alles.
Giesela kümmerte sich nun um Ella
Mops. Sie ging in die Küche, da lag der
Mops. Reinlich wie er war, hatte er die
schwere Waffe bis zur Mülltonne
geschleppt, so wie Ella Mops alles
Heruntergefallene dahin brachte. Der
Rest war für die Kripo ein Kinderspiel,
denn die auf der Waffe gefundenen
Fingerabdrücke waren ja im ganzen Haus
zu finden.

Vorbeugung gegen Myopie
Invertierte Lesetexte gegen Kurzsichtigkeit

Teil 1: Gedichte

R B O G W S

7 9 4 2 6 1 9 2 3.

Q R P A V L Y Z A Z

1 4 6 8 2 9 5 3

W B K O L D S W A

Weisheit

Weise wird man nicht mal eben.
Uns prägt das Leben lange Zeit.
Es kommt drauf an, was wir erleben.
Oft ist der Weg sehr weit.

Das All

Das All steckt voller Kraft.
Einstein hatte eine Theorie.
Dunkle Energie, die Großes schafft.
Einerlei im Universum gibt es nie.

Quasare und Konstanten.
Gaswolken weit und breit.
Schwarze Löcher und auch Quanten.
Was ist Raum und was ist Zeit?

Aus Atomen sind auch wir.
Alles ist so fern.
Gern bin ich auf der Erde hier.
Doch auch Kometen mag ich gern.

100 Gedichte mit weißen Buchstaben auf schwarzem Hintergrund zur Vobeugung gegen Kurzsichtigkeit. Natürlich können Sie sich auch über die Gedichte erfreuen! Die Gedichte haben unterschiedliche Buchstabengröße.

Sültz Bücher

Vorbeugung gegen Myopie
Invertierte Lesetexte gegen Kurzsichtigkeit

Teil 3: Ein Kinderbuch

ab 6

R B O G W S

7 9 4 2 6 1 9 2 3

Q R P A V L Y Z A Z

1 4 6 8 2 9 5 3

W B K O L D S W A

und werde Fitus und alle Freunde von dir
Grüße ausrichten." Klecks und Roger
verabschiedeten sich und Roger flog los.

Tage später ging es auch für Klecks los.
„Oh, wie schön die Wolken heute sind.",
freute sich Klecks und legte sich etwas ins

e Tiere
mit einem
und auf

anz die
ief es.
e
en,

Das Schweinchen Klecks

Das Schweinchen Klecks wollte gern nach
Sylt aufbrechen, um seine Freunde dort zu
besuchen. Im Sauerland wohnt Klecks. Der
Rabe Roger ist schon vorweggeflogen. „Also,
liebes Schweinchen Klecks, du musst in
Richtung Norden gehen. Ich fliege schon los

61

**Beugen Sie durch das Lesen
von invertiertem Text der
Kurzsichtigkeit (Myopie) vor.
Kurzgeschichten eignen
sich hervorragend dazu.**